U0575243

当前新闻媒体推广普通话的问题与对策研究

黄　静　著

全国百佳图书出版单位
吉林出版集团股份有限公司

图书在版编目（CIP）数据

当前新闻媒体推广普通话的问题与对策研究 ／ 黄静
著 . 一 长春：吉林出版集团股份有限公司，2023.6
ISBN 978-7-5731-3622-0

Ⅰ . ①当… Ⅱ . ①黄… Ⅲ . ①传播媒介－作用－推广
普通话－研究 Ⅳ . ① H102

中国国家版本馆 CIP 数据核字（2023）第 115457 号

DANGQIAN XINWEN MEITI TUIGUANG PUTONGHUA DE WENTI YU DUICE YANJIU
当前新闻媒体推广普通话的问题与对策研究

著：黄　静

责任编辑：朱　玲

封面设计：冯冯翼

开　　本：787mm×1092mm　1/16

字　　数：206 千字

印　　张：11

版　　次：2023 年 6 月第 1 版

印　　次：2023 年 6 月第 1 次印刷

出　　版：吉林出版集团股份有限公司

发　　行：吉林出版集团外语教育有限公司

地　　址：长春市福祉大路 5788 号龙腾国际大厦 B 座 7 层

电　　话：总编办：0431-81629929

印　　刷：河北创联印刷有限公司

ISBN　978-7-5731-3622-0　　　　　定价：66.00 元

前　言

我国疆域辽阔、民族众多，随着各地区、各民族之间交往的日益密切，推广普通话，建设一个规范、和谐、富有活力的语言生态，其重要性不言而喻。推广普通话的目的，不是简单地宣传与普及一种共同语，而是要构建一种能够强化各地区、各民族之间的交流与团结，从而增强国家认同感和凝聚力，共同传承和延续中华民族优秀文化的直接纽带和主要工具。历史实践表明，推行一种通用的语言文字，对内有利于突破方言沟通的束缚，确保政令畅通，对外有利于增强国家软实力，维护国家统一形象。"扶贫要扶智，扶智先通语"，在当前我国社会发展的大形势下，推广普通话更是势在必行。而在推广普通话工作中，新闻媒体可以发挥其重要作用。

新闻媒体的宣传是目前推广普通话的主要措施之一，而新闻节目则是"推普"的重要平台和阵地。以往备受瞩目的是如何发挥新闻媒体在"推普"中的作用，相关法律法规以及一系列政策文件都规定了新闻媒体在国家语言规范化中的职责，要求播音员和主持人必须作为标准普通话的代言人发挥示范、导向作用。

本书主要以新闻媒体在推广普通话中发挥的作用进行详细的阐述，希望为新时期普通话推广工作发展起到一定启示作用。由于时间仓促，书中难免存在疏漏之处，希望读者能够予以指正。

目　录

第一章　绪论

第一节　现代汉语方言与民族共同语

一、方言

方言，顾名思义，"一方之言"也，即某个地区的人们通用的语言——地方话。方言在共同语形成以前是其形成的基础，而在共同语形成以后，则要受其制约和影响。因为它并不是一种独立语言，而是一种民族语言的地方分支或变体。

虽然中国是一个多民族统一的国家，但说汉语的人口最多，分布的地域也最广。历史的原因又使得汉语形成了多种多样的方言。根据汉语方言的特点及方言形成和发展的历史，现在通行的观点都是把汉语方言划分为七大方言，分布的情形大致如下。

（一）北方方言（北方话）

北方方言是现代汉民族共同语的基础方言。北方话以北京话为代表，内部一致性较强。在汉语各方言中，北方方言分布地域最广。它既包括长江以北汉民族居住区，也包括湖北、四川的江南部分和云南、贵州两省，以及江苏镇江到江西九江的沿江地带。说北方方言的人口最多，约占汉族总人口的 73%。

（二）吴方言（江浙话）

典型的吴方言过去以苏州话为代表，不过从现在的影响看，应以上海话为代表。吴方言的分布地域包括江苏长江以南、镇江以东（不包括镇江）的地区和上海市、浙江省的大部分地区。吴方言使用人口约占汉族总人口的 7.2%。

（三）湘方言（湖南话）

湘方言以长沙话为代表，分布在湖南省大部分地区。其使用人口约占汉族总人口的 3.2%。

（四）赣方言（江西话）

赣方言以南昌话为代表，主要分布在江西省的大部分地区和湖北省的东南一带。其使用人口约占汉族总人口的 3.3%。

（五）客家方言（客家话）

客家方言以广东梅县话为代表，主要分布在广东、广西、福建、湖南 4 个省（区），尤以广东东北部、福建西部和江西东南部比较集中；而在台湾、四川等地也有客家方言点。历史上，客家人从中原迁徙到南方，虽然居住分散，但客家话仍自成系统，内部差别并不大。客家方言使用人口约占汉族总人口的 3.6%。

（六）闽方言（福建话）

闽方言分布地域包括福建省大部分地区，广东东部潮州、汕头一带，另外还有海南省和台湾省的大部分地区。华侨和华裔中有很多人都说福建话。其使用人口约占汉族总人口的 5.7%。

（七）粤方言（广东话）

粤方言以广州话为代表，分布在广东省大部分地区和广西壮族自治区的东南部。居住在南洋地区及其他一些国家的华侨，大多说粤方言。粤方言使用人口约占汉族总人口的 4%。

客家方言、闽方言、粤方言等，都随着华侨传布海外，尤其在东南亚国家居住的华侨，往往以这些方言作为其主要交际语言。

上述七大方言同普通话的差距是不一样的，闽、粤方言与普通话差距最大，吴方言次之，湘、赣、客家方言再次之，而与普通话最接近的则是北方方言。我们学习和了解汉语方言，一个重要目的就是要找出方言与普通话的对应规律，以便更有效地学习和推广普通话。

二、共同语

（一）共同语和方言的关系

共同语是跟方言相对而言的，方言只通行于局部地区，共同语则是一个社会（或一个民族）全体成员通用的语言。共同语来源于方言，它既要以某一方言为基础，又要不断吸收其他方言中有用的成分来丰富自己；共同语又高于方言，它不仅有明确的规范，内部比较一致，而且比任何方言都富有表现力，因此，它是规范化的民族语言的高级形式。

（二）现代汉民族共同语（普通话）的形成

现代汉民族共同语的形成经过了漫长的历史发展过程。早在先秦时代就存在着古代汉民族共同语，在春秋时代这种共同语被称为"雅言"，从汉代起被称为"通语"，明代改称为"官话"，到了辛亥革命以后的近现代又称为"国语"。中华人民共和国成立后，强调各民族平等，改"国语"为"普通话"。

现代汉民族共同语是在北方方言基础上形成的，宋元的"白话"和明清的"官话"是它的直接来源。宋元时期，由于旧的书面语——文言与口语日益脱节，一种与北方话口语密切联系的新的书面语——"白话"应运而生。宋代的话本、元代的杂剧乃至明清的章回小说，如《水浒传》《西游记》《儒林外史》《红楼梦》等都是用"白话"写成的。这些文学作品虽然都带着一些地方色彩，但总的来说，它们的方言基础是北方话。就在白话文学流行的同时，以北京话为代表的北方方言也逐渐成了各方言区共同使用的口头交流语言。特别是金元以来，北京成为我国政治、经济和文化的中心，北京话便占有特殊的地位，它作为官府的通用语言传播到全国各地，很快发展成为"官话"。"官话"并不是专为官吏阶层使用的官场雅言或阶级习惯语，而是对各阶级一视同仁的通用语言。所以实际上我国的"官话"就是"普通话"的前身。

到了 20 世纪初，特别是五四运动以后，随着民族民主革命运动的高涨，一方面，"白话文运动"的兴起动摇了文言文的统治地位，并最后在书面上取代了文言文；另一方面，开展了"国语运动"，又在口语方面增强了北京话的代表性，北京语音就发展成为汉民族共同语的标准音。这两个运动互相推动和影响，使得书面语和口语相接近，于是便形成了书面形式和口头形式，都有了统一规范的现代汉民族共同语。

（三）普通话的定义阐释

普通话可以有广义普通话和狭义普通话之分。广义的普通话指汉民族共同语，包括历史上的和现代港台地区所说的"国语"，新加坡华人所说的"华语"；狭义的普通话专指中华人民共和国政府颁布的法令中所规定的现代汉民族共同语。

普通话，绝非"平平常常的话""普普通通的话"，它是有其科学含义的。普通话的完整定义是："以北京语音为标准音，以北方话为基础方言，以典范的现代白话文著作为语法规范的现代汉语的标准语。"这个定义是1955年10月由中国文字改革委员会、教育部、科学院在北京召开的第一次文字改革会议和第一次现代汉语规范问题学术会议上讨论并确定下来的。对这个完整的概念，我们应注意从以下三个方面去理解和把握。

第一，普通话为什么要以北京语音为标准音。

可以说，汉语方言的分歧，语音差异是最为显著的。不仅上海、广州、重庆等的语音系统和北京不同，就是沈阳、天津、保定的语音系统与北京的也不完全相同。统一语音，如果不以一个地方方言的语音系统作为标准，就会令人无所适从。而多少年来，我国的话剧、影视、广播等大都采用北京语音，北京语音的标准音地位早已为人们所公认。所以以北京语音为标准音是历史发展的必然结果。而且作为规范、标准的"北京语音"指的是北京的语音系统，即北京音的声、韵、调系统和北京的字音，这是一个整体上的标准，它并不包括北京音里一些特殊的土音成分。比如，"多少钱"，北京土话说"多儿钱"，这当然不是我们要推广的标准音。从本质上讲，普通话作为现代汉民族共同语，具有超方言的性质，因而必然要舍弃北京方言中的某些土音。总之，普通话只能以北京语音的音系为标准，而不是所有的北京读音都可以作为标准，也就是说，不能把普通话语音简单地等同于北京语音。

第二，普通话为什么要以北方方言为基础方言。

北方，尤其是北京，几百年来一直是中国政治、经济、文化的中心，而这是基础方言必须具备的根本条件，加之北方方言使用的人口多，通行的地域广，全国范围内使用北方方言的人占了说汉语总人口的 70% 以上。学会了北方方言，在全国大部分地方只要说汉语，人们大都能听懂，这就自然而然地使北方话取得了基础方言的地位。

不过，我们说普通话以北方方言为基础方言，并不是说普通话就等于北方方言，而说它是在北方方言基础上发展起来的。在发展过程中，它不仅要舍弃北方方言中过于土俗的词语，例如，把"玉米"叫"老玉米""棒子"，甚至把"太阳"称为"老爷儿""日头"等，而且要吸收其他语言成分中富有表现力并能广为流传的词语，如吸收了古语词中的"诞辰""逝世"，方言词中的"别扭""尴尬"等，外来词中的"咖啡""激光"等。

第三，普通话为什么要以典范的现代白话文著作作为语法规范。

不是任何白话文著作都能成为语法规范，而必须是"典范的"，且是现代的白话文著作。所谓"典范的"有两层含义：一是指有代表性的优秀著作家的著作，如国家的法律条文、报刊社论及现代著名作家，包括鲁迅、郭沫若、茅盾、巴金、老舍、曹禺、叶圣陶、朱自清、毛泽东等的作品；二是指他们著作中的一般用例。这"一般用例"又是相对于"特殊用例"而言的。因为在具有代表性的著作中，不同的作者或同一作者的用例也不是处处一致的。作为语法规范的用例，不包括那些个别的、特殊的用例。

总而言之，普通话是一个完整的概念，其语音、词汇、语法等三方面是一个统一的整体，我们学习普通话时要注意从宏观到微观去掌握。

第二节 推广普通话的重要性

前面我们介绍了有关普通话的知识，本节着重谈谈为什么要推广普通话，怎样推广普通话，以及如何学好普通话。

一、为什么要大力推广普通话

普通话既是现代汉民族的共同语，也是现代汉语的标准语。所以我国的《宪法》做出明文规定："国家推广全国通用的普通话。"把推广普通话写入宪法，这充分说明了国家高度重视这项工作，同时也说明推广普通话工作有着十分重要的意义。

第一，推广普通话是一项重要的政治任务和语言政策。早在1958年，周恩来总理就指出：推广以北京语音为标准音的普通话是一项重要的政治任务。

因为它对促进国家的统一、民族的团结、社会主义现代化的建设都有十分重要的意义。语言是思想交流的工具，普通话既是汉民族的共同语，也是中国的国语。各民族都要积极学习和推广普通话。一个统一的社会如果没有一种统一的语言，不仅无法交流思想和感情，相互交往也很不方便，甚至给维护民族团结带来诸多不利的影响。比如，有一位北方同志到上海去，在公共汽车上，售票员让他"里厢去"（往车厢里走），由于说的是上海话，他误听成了"你下去"，他很生气地跟售票员发生了争执，这不仅不利于团结，还会产生人为的隔阂。推广普通话便可以增强不同地域、不同民族之间的沟通和交流，有利于日益频繁的社会交往，也有利于国家的安定团结。正因为如此，我国的宪法才用庄严的法律形式把这项工作规定下来。宪法这一规定表明：学习和推广普通话既是我国的一项语言政策，又是公民的一种权利和义务。

第二，推广普通话是时代和社会发展的需要。在社会主义现代化建设的新时代，文化教育的普及和提高，科学技术的进步和发展，计算机语言输入和语言知识的研究，社会主义市场经济发展的需要等都对推广普通话提出了更高的要求。

第三，推广普通话是建设精神文明的需要。精神文明同政治文明、物质文明一样，都是我国现代化建设的战略任务。精神文明的建设，也需要大力推广普通话。一个国家或民族的文化修养，常常以掌握民族共同语和推广民族共同语的程度作为一种衡量的重要尺度，因为共同语的推广、普及程度，反映了文化教育事业的发达程度，而且建设精神文明也离不开语言的纯洁化。推广普通话可以使语言得到净化，这对促进语言的纯洁、健康、文雅是大有益处的。有道是"言为心声"，美好的语言能真正体现出文明社会的风气和作为社会主体的人的心灵之美。

综上所述，大力推广和积极普及普通话是一项有利于国计民生的大事，我们绝不能等闲视之。

二、推广普通话的方针和步骤

二十世纪五十年代国家就确定了推广普通话的十二字方针，即"大力提倡，重点推行，逐步普及"，这一方针在当时或现在都是适宜的。

所谓"大力提倡"，就是要利用各种渠道、媒体宣传推广普通话的重要意义，以提高广大群众学习、使用普通话的自觉性，在全国范围内营造人人讲普通话的氛围。1982 年 12 月，由原国家教委、文字改革委员会、解放军总政治部、共青团中央等 15 个全国有影响的部门，联合发出《大家都来说普通话倡议书》就是一种有力的倡导。这对那种自己不愿说普通话，甚至要讥讽、阻碍别人说普通话的人，也是一种很好的教育。说普通话，能说普通话，这已成为现代人必备的素质。所以我们一定要消除顾虑，敢于在公开场合大胆地、理直气壮地说普通话，真正形成以讲普通话为荣的良好风尚。

所谓"重点推行"，就是要分轻、重、缓、急，努力抓住重点的行业、区域、部门和对象进行大力推广。从部门来说，各级各类学校是推广普通话的重要阵地；从地区来说，南方方言区是推广普通话的重点区域；从对象来说，在读学生和青少年是推广普通话的重点对象；就工作性质和岗位来说，传媒、交通、电信等服务行业的人员也是推广普通话的重点。进入 20 世纪 90 年代以后，国家语委、原国家教委、广播电影电视部连续发出相关文件，甚至把普通话确定为"四用"语言：第一，各级各类学校使用普通话进行教学，使普通话成为教学语言。第二，各级各类机关进行工作时一般使用普通话，使普通话成为工作语言。第三，广播、电视、电影、话剧等使用普通话，使普通话成为宣传语言。第四，不同方言区的人在公共场合交往时，基本使用普通话，使普通话成为交际语言。

所谓"逐步普及"，就是要从重点到一般，从城市到农村，从文化水平高的部门到文化水平低的部门，有计划有步骤地把普通话推广到全国，最终达到统一语言的目的。在全国范围内普及普通话是一项长期而艰巨的任务，对此我们既不能操之过急，又必须坚持不懈。在普及普通话的过程中，要从实际出发，根据不同的情况提出不同的要求。全国各行业中，应首先在文化教育界推广，然后逐步在别的行业普及；在文教界中又应首先在各级各类学校中推广，再逐步向科技、卫生界普及；在各类学校中，应首先在各级师范院校中推广，再向其他类型学校普及；在师范院校中，应首先在中文系推广，然后再向其他专业普及；在一个学校中，应注意在青年教师和学生中推广；在各门课程中又特别应注意在语文课中推广，然后再逐步扩展到其他学科。为了更有效地推动普及普通话工作，中央有关部门根据不同地区、不同部门、不同年龄等具体情况，制定了普通话的等级要求和测试标准，大致分为三级：第一级是会说相当标准的普通话，语音、词汇、语法差错很少；第二级是会说比较标准的普通话，方音不太重，词汇、语法差错较少；第三级是会说一般的普通话，使听者能听得懂。虽然标准有高有低，但目标只有一个，就是普及普通话。

三、怎样学好普通话

要学好、说好普通话并非易事，需要我们下一番苦功。那么，怎样才能学好普通话呢？

第一，要认真学习和了解普通话的相关理论知识，并在此基础上大胆尝试，勇于实践，夯实基础。第二，要注意在书面语言的学习中规范自己的语言能力。通过对大量的书籍、报刊、范文的阅读等，逐步形成正确规范的普通话语感，把无声的书面语言当作有声读物来品味、咀嚼，体会语言运用的特有艺术。第三，要善于做"有心人"，充分利用广播、电视、电影、曲艺等传媒形式学习、欣赏或模仿别人"说"的普通话，边听边想，边看边练，不断在实践中提高普通话的口语水平。第四，要注意努力纠正和改掉自己方言中不合乎普通话规范的一些习惯。总之，捷径和窍门是没有的，作为一门语言，我们要学好普通话，非得下苦功不可。

第二章　新闻媒体与普通话推广

第一节　电视新闻的语言选择及其社会意义

一、新闻语言的选择与传播效果

方言新闻播报是否影响到传播效果和是否影响到普通话与方言的关系？有学者认为，方言播报新闻的主要目的在于迎合本地观众的收视心理，以便获得更大的生存和发展空间；还有学者认为，方言播报新闻混淆了方言与普通话的相互关系，错误地把两者等同了起来，这消除了大众媒体的语言示范功能，将不利于社会的进步。还有学者则对此采取了较为审慎的态度，认为可以按照"习惯"和"需要"的原则。根据不同方言地区的实际情况，先放放手，进行一番调查研究，考察实际效果和群众反映再做权衡。既不要轻易指责为"方言回潮"，也不必为之鸣锣开道，使其星火燎原。

我们认为，新闻语言既可以选用普通话，又可以在一定条件下适当选用方言。使用普通话和使用方言往往具有不同的效果，产生不同的社会文化效应。在当前条件下，方言新闻播报作为一种策略行为，不仅关系到传播内容的有效性，而且还可以成为构建语言和谐的重要力量，但对全国范围内普通话与方言"并存共用"的语言格局不会带来实质性的影响，其有限的影响力不宜被夸大或误读。

（一）新闻语言的选择

2000 年 10 月 31 日，第九届全国人民代表大会第十八次会议通过《国家通用语言文字法》。该法第十二条规定，"广播电台、电视台以普通话为基本的播音用语"。作为媒体的电视台和广播电台，既是报道新闻、传播文化的载体，也是推广普通话的最重要平台。无论是中央还是地方，新闻类节目用普通话作为基本的播音用语，既符合法定的语言要求，又顺应了时代的潮流，自然也就避免了一些批评和指责。但是，为什么一些地方媒体还用方言播报新闻呢？

我们认为，主要原因在于以下几点：第一，方言播报新闻具有法理上的依据。《国家通用语言文字法》第十六条还规定，经国务院广播电视部门或省级广播电视部门批准后，广播电台、电视台也可以使用方言。这一规定既体现了坚持普通话为主体的语言政策，也考虑到我国语言生活中实际存在的复杂状况。事实上，除了主流媒体以普通话为基本的播音用语之外，中国广播电台也有粤语广播、闽语广播。广东电视台的"珠江频道""体育频道"和"公共频道"均为粤语频道，等等。因此，上述方言播报新闻实在算不上新鲜事。第二，是传媒业自身生存和发展的需要。近年来大量涌现的方言新闻节目和市场竞争密切相关。在近十几年中，网络等新媒体迅速发展了起来，网络为新闻的获得提供了更便捷的途径。电视新闻面临着严峻的挑战。电视节目的大众化是高收视率的重要保障。提高收视率是地方新闻类栏目面临的最重要的问题之一。除了在内容上贴近和关注百姓生活之外，形式上的变革也是影响收视率的一个因素。那么，为什么使用方言播报形式可以达到提高收视率的效果呢？

（二）方言播报新闻对收视率的影响

语言（或方言）的选择和使用既可以反映出说话者和听话者之间的社会关系，也可以调节和创造二者之间的社会关系。说话人有意识地把自己的言语风格调节到对方适应的风格，能够显示出与对方之间关系的紧密，可以拉近交谈者之间的社会距离。在日常生活中，使用普通话往往被认为和"具有较高的文化水平、身份和地位"等社会特征联系在一起，而使用方言会显得比较"土"，常常与"文化水平较低"等负面评价相关联。因此，在交际中对语言的选择常常和交流的动机与策略有关。[①]

新闻播报作为一种特殊的交流方式，大多是单向度的，观众基本是被动的接收者，但语言的社会关系调节功能并未因此而完全丧失。新闻播报方言具有亲和力，能够体现区域文化特征，调节与受众之间的社会关系。具体来说，利用方言播报新闻是对主流新闻播报语言的偏离，但却是对方言区社群的趋同，从而创造出与社区成员"等同"的社会关系，由此而拉近媒体与观众的社会距离。可见，方言播报新闻不过是一种自觉的、策略性的行为，其目的在于拉近与当地受众之间的社会距离。因此，方言播报新闻的成功毋宁说是语言策略上的成功。

语言策略的运用往往可以取得更好的传播效果。选择方言播报新闻的这些栏目，其主要内容大多立足本地文化，关注本地生活，侧重于社会新闻和

---

① 苏祝平．方言电视节目：在普通话推广与地域文化传承之间 [J]. 现代传播－中国传媒大学学报，2007，（2）.

社会事务，传递普通民众呼声，维护百姓权益。这种定位为方言能够在新闻播报中"立足"提供了潜在的条件。方言作为一种原生态的文化，是本地区风土人情、习俗习惯的最自然的表达方式。因此，方言新闻更易于为本地观众所理解和接受。其不足在于使本土观众与非本土观众因为语言的问题而在获得信息的数量、质量和渠道上存在着一些不平衡，但是，外地观众或非当地居民通过其他渠道获得相应的信息也不是不可能的。毕竟，获取新闻的途径已经越来越多元化了。

从传播区域来看，地方电视台通常覆盖的是当地城市社区和周边乡镇社区。乡村社区的百姓平时还是以使用方言为主，根深蒂固的草根文化使他们对地域文化和风土人情有着潜在的依恋和认同，因此方言的使用能够得到乡村观众的认可和支持；城市社区中的语言环境虽然更加多样和复杂，但是民众的语言意识却更加开放和包容，因此，方言类节目中所呈现的乡土气息能为一部分城市人所接受，能够满足一部分城市了解当地风土文化的需求。也为方言电视节目的进一步发展提供了更大的动力和发展空间。[①]

（三）新闻语言选择对语言格局的影响

上述分析表明，方言播报新闻在全国多地出现也似乎是在情理之中的事。但即便如此，在现阶段，电视新闻媒体采用方言播报的形式也不可能对当前的语言格局产生实质性的负面影响。主要原因在于：第一，普通话是汉民族的共同语，也是国家法定的语言。国家推广普通话具有明确的目标。1982 年，我国新宪法规定："国家推广全国通用的普通话"。经过几十年的推广，普

---

① 江婕."推普"视域下方言类电视新闻节目存在的问题及解决对策 [J]. 文化创新比较研究，2021，（30）.

通话已经成为全国范围内最有声望的官方语言，有着政治、文化和功能上的优势。同时，它在促进我国社会经济、文化建设和发展上发挥了巨大作用。这是任何方言都无法取代的社会事实。

第二，无论是从普通话推广实际取得的成效，还是从普通话与方言未来发展的趋势来看，方言播报新闻的行动都不可能削弱普通话的优势地位，也不可能混淆普通话与方言之间的关系。

另外，从汉语的历史来看，普通话源于方言（以北方方言为基础方言），方言也为普通话提供了重要营养。无论是东北方言，还是粤语，都为普通话输入了大量的词汇。从现实的语言生态环境来看，普通话和汉语方言在相当一段时间内并存共用将是我国汉语言生活的基本特征。推广普通话，目标并非要消灭方言，二者也并非对立关系。在这个意义上，方言播报新闻提高了方言与普通话接触的广度，也可能促使方言中的某些词汇进入普通话中来，也能够为充实和发展普通话做出一定的贡献。

二、新闻语言选择的社会意义

电视媒体的语言选择问题体现的是语言多样性和统一性的关系问题。大众传媒的语言从早期的普通话一统天下到以普通话为主流、方言为辅助的局面，新闻语言的多样化在一定程度上满足了地方社群的语言需求，体现了语言服务的理念。它不仅关系到媒体内容传播的效果，还是构建社会文化的重要因素，其社会意义主要表现在以下三个方面：

（一）满足地方社群的语言需求，体现语言服务的理念

自开展普通话推广以来，电视媒体以普通话作为最主要的播音用语，对构建全国范围内的现代社会文化起到了任何方言都无法代替的作用。还要看到，近十年来，全国不少地方电视媒体对播报新闻的语言形式进行了不少探索和尝试。在当前的社会条件下，方言新闻的高收视率表明，这类栏目仍然具有一定的社会群众基础。无论是城市还是乡村，人们在日常生活中仍然普遍使用着方言，方言仍然是维系邻里关系的纽带。

进一步来说，我国的社会改革与发展正处于矛盾多发期，城乡之间、地区之间、贫富之间存在着许多短期内难以解决的问题。作为最具影响力的大众媒介，电视媒体适时地选用方言的做法，能够受到当地社群的欢迎，也在一定程度上表明，人们的需求也在日益多样化，语言需求存在一定的市场。方言播报新闻体现了语言服务的理念，满足了一些当地社群的语言需求。这有利于发挥好电视媒体的公共服务功能，为增进沟通与交流、促进社会和谐发展也做出了有益的贡献。

在普通话日益普及的今天，尊重方言区中不同群体的实际需求，体现了社会的进步。构建语言与方言之间的"和谐共用"成了构建全社会和谐的一个重要的组成部分。

（二）有利于保护地方文化，维护文化生态的多样性

大众媒体选用方言也在一定程度上，为文化资源的保护和发展带来有益的文化效应和社会成效。语言既是一套表情达意的符号系统，还是文化的载体，是认同的标记。在当今全球化的时代，人们开始逐步认识到多元文化的价值。对于一个国家来说，丰富的语言既是历史的遗产，也是宝贵的文化资

源。从某种意义上来说，文化的多样性与语言的多样性有着密切的联系。

我国广大地区丰富多彩的传统文化资源是历史赋予的宝贵财富，也是汉民族历史文化传承的产物。在传统文化形态上，有各种反映社会生活的文献形态，园林、建筑、服饰、陈设等实物形态，民间歌舞、地方曲艺等艺术表演形态，刺绣、剪纸等技艺技能形态等。我国为数众多的方言，既是连接地域群体的纽带，也是地域文化的重要组成部分，是丰富多彩的地域文化的代表。

当前，地方文化资源的开发和保护已经受到广泛的重视，这不仅给地方文化的发展带来了新的生机，而且也为地方经济发展、汉民族的文化认同注入了新的活力。从某种意义上讲，方言也是一种文化形态，也是有待保护和开发的文化资源。语言及其方言是国家不可再生的、弥足珍贵的非物质文化，是构成文化多样性的前提条件。

电视媒体的语言选择自然也就涉及地方文化在公众视野中的地位问题，也同样引起了有关文化问题的讨论。有学者认为，在电视媒体中使用方言的做法是"为本地走向全国，为本地走进世界，从而更具有开放大气的精神文化建设人为地设置阻碍"。

还有学者指出，这是媒体片面追求收视率、市场占有率和广告量的具体表现，这种"应观众要求"的导向，将导致节目品质日趋低俗，不利于电视栏目的文化追求。

的确，媒体的责任不仅是要反映社会生活，而且还要对社会生活产生积极的作用。作为反映和构建我国文化生态环境的重要力量，电视媒体在构建主流文化上所带来的影响和社会效应重大而深远，值得重视和研究。具体到电视媒体的语言选择问题，特别是一些地方电视媒体的语言选择所带来的社会效应、文化效应自然不容忽视。

在语言学界，方言调查的结果显示，一些方言和地域文化正在迅速变化和衰亡，这引起了一些民众对方言文化可能消亡的担心。在这样的背景下，为了保存和传承中国传统方言文化。2010 年 11 月 11 日，北京语言大学语言研究所启动了"中国方言文化典藏"项目，主要是建设中国方言文化典藏网站和数据库，以便有效地保存和保护方言文化，促进社会大众对方言文化的关注。

如今，保护和发展方言母语得到了学术界的广泛认可，也引起了政府对语言和方言资源保护的重视。在新的历史条件下，学术界和政府对语言和方言功能的认识也已经发生了较大的变化，正在由语言规范观逐步向语言资源观和服务观转变，相应的语言政策也在不断调整以适应当代的语言生活。这一转变为开发和保护语言生态多样性提供了有力的前提。陈章太进一步指出，语言是一种有价值、可利用、出效益、多变化、能发展的特殊社会资源；方言土语也是重要的语言资源，"在大力推广普通话的同时，还要积极保护弱势语言和弱势方言，抢救濒危语言和濒危方言，大力构建和谐语言生活。这不仅是新世纪语言文字工作的新理念和新目标，也是语言规划的新内容，对保护、利用国家语言资源必将发挥重要作用。"

在我国自觉地发掘和保护文化资源的历史还比较短，把方言作为一种文化资源而纳入保护和开发的议事日程中来，也是一项新课题。传统的地方文化往往具有浓郁的区域特色。在现代化建设过程中，随着现代文明的加速传播和现代文化不断更新，包括方言在内的区域文化似乎有必要被那些更加先进的文化来取代。但是，现实的情况是，习俗、习惯和传统行为方式等尚未进入理性层面的行为有着现实的真实性和依存性，很难以一种使当地社群接受和理解的方式把旧的文化成分分离出来，并以一种新的文化模式加以取代。

（三）有利于主流文化与地方文化之间建立良性的互动关系

先进文化的建设，也需要有现实的文化资源作为基础和营养来源，否则，也很难建设好先进文化。我国文化建设的经验和教训已经充分说明：从普通话的形成到国语地位的确立，无不是和广大社群的历史和文化联系在一起的，缺乏现实基础的文化建设是很难得到预期的成效的。如何引导和发展地方文化，使其成为具有建设性的资源，需要多部门的共同努力。

开展"开放大气的精神文化建设"，并不意味着主流文化一统天下，成为禁锢思想的枷锁，而是主流文化与丰富多彩的地方文化之间能够兼容并蓄；开展"开放大气的精神文化建设"，也并不意味着语言和文化的同质化，而是普通话和方言之间、主流文化与地方文化之间有着良性的互动关系。在积极发展主流文化的同时，在对待方言和地方文化的生存和发展上，不是压制方言、束缚地方文化，甚至要瓦解地方文化，而是要积极发掘其价值，发挥好它在社会生活中的作用。

语言学界在学术层面上已经逐步抛弃了陈旧的观念，即由过去对待语言和方言上的"问题"实现到"资源"的转变。电视媒体适当运用方言的做法也不再被视为与追求先进文化背道而驰的行为；地方文化是地方社会经济发展的软实力，方言则有可能是维护和开发地方文化最为迫切的问题之一。

这样看来，电视媒体的语言选择不仅关系到媒体内容传播的效果，而且还是构建社会文化环境的重要因素。新闻语言的多样化在一定程度上有利于保护地方文化，维护文化生态的多样性，为文化资源的保护和发展带来有益的文化效应和社会效应。

语言学家许嘉璐指出，在当代，媒体语言对社会语言和民族文化走向的影响超过了其他任何的载体，它应当"规范而多样，高雅而活泼"。也就是说，媒体语言应该是规范性的语言，但也并不排斥媒体语言的多样性。"规范而多样，高雅而活泼"可以作为建设和发展媒体语言的指导原则。

目前，还没有任何科学依据表明，电视媒体的部分栏目使用地方话播报新闻产生了令人不安的负面的文化效应。从学理上讲，只有对其所产生的社会影响做出科学的分析和研究，才能使媒体语言的研究建立在科学的基础之上。[1]

第二节　亟待改进的电视、广播、新闻媒体不规范的语言现状

一、模仿港台腔

随着港台节目的增多，港台主持人活泼、松弛，游刃有余的主持风格，内地主持人很是羡慕，观众也觉得有新鲜感。他们主持风格的优势我们要学习，但是他们没有达到的标准的语言，我们不能作为时尚来效仿，如同东施

---

[1]　周萍萍.媒介融合背景下媒体语言对普通话推广的影响 [J].武汉广播影视，2021，（11）.

效颦，会犯一个语言倒退的错误。

二、发音不准确

重音的错误，"啊"的变音错误，有"固定调"说话，唱着说等问题，都经常在广播电视中出现。如，药品《良咽》的广告语"……改良咽啊"中的"啊"读成了"呀"，应该是"哪 na"，这是"啊"的变音错误。这种错误在电视剧中出现得最多，也就是说，演员的语言规范化问题更多。又如，广告"安而乐"纸尿裤中的广告语："……体贴又周到"，重音说在了"又"上，应该是"周到"上，这是重音的错误。这种错误就更普遍了，这与人的文学修养、文化水平不高，以及对语句的理解不准确有关。

三、语言萎缩、语法、语音上的混乱现象

如，主持人把"回答得好！"说成"哇！好得一塌糊涂！""好"和"一塌糊涂"两种语义相反的词混乱地用在了一起。

四、错字、白字的出现

如"一蹴而就"的"蹴"说成了"就"。"莘莘学子"的"莘 shen"说成了"辛 xin"，"心宽体胖"的"胖"在这个词中应读"pan"，说成了"胖 pang"，"皈依"中的"皈 gui"说成了"叛 pan"，"咄咄怪事"中的"咄 duo"说成了"拙 zhuo"等等，这些现象时有发生。

五、低俗的语言和匪话的出现

在电视剧中和一些特殊的电视节目中，经常出现一些词汇："款爷""小蜜""富姐""老公""大腕""二把刀""土老帽""发了""酷毙了""帅呆了""海了"等词。港台电视剧中的"马子""条子""楷子"之类的匪话、黑话，内地的电视剧中也开始效仿。这些词语迅速地在人群中传播起来，作为口语中的"时尚"广泛流传着。

六、不合适的双语运用

随着时代的发展和与世界的广泛交流，外来语也多起来，把英语夹在普通话中说，也成了一种时尚。这种现象在网络上和电视娱乐节目中，用得准确，也是语言表达的一种方式，是一种语言的进化过程，但用得不准确，就是问题了。如，"欢迎收听 Talking show（谈话节目）"这个英语词汇听得懂的知道是谈话；听不懂英语的听众不是一头雾水吗？

七、街头广告、牌匾、报纸上的用字及繁简字的不规范现象

留心者如稍加注意，街头、商店、公司等的广告牌匾错字、编字、造字现象比比皆是。如"薯条"写成"暑条"，"家具"写成"家俱"等等；报纸上的错别字："墨守成规"写成"墨守陈规"，"精简机构"写成"精减机构"，"直截了当"写成"直接了当"等。

繁体字的滥用："微笑宝（寶）贝""儿（兒）童服饰（飾）""天生园（園）"等。对繁体字的用法问题，《国家通用语言文字法》已有明确规定，

文物古迹、姓氏中的异体字、书法、篆刻等艺术作品以及历史人物、著名人物、名字在特定情况下写的繁体字、异体字已经得到认可，其他情况都应用规范字。

简化字的滥用。目前，仍存在使用一些废止了的不规范的简化字现象。如"建设"中的"建"写成"过"；"答案"中的"答"写成"荅""姓董"的"董"写成"苳"等等。

语言不规范的现象在小学、中学到大学的教科书里，甚至在国家文件里都存在着，它充分反映出国家政策法则等立法语言的不规范，如不尽快解决，后果是很严重的。中国是一个多民族、多语言、多方言的大国，有56个民族，70多种语言，50多种文字，统一使用语言是国家经济建设和改革开放的需要，是维护祖国统一增强民族凝聚力的需要。目前，我国的语言规范化状况尚未满足社会发展的需要。调查显示，全国各大中城市的普通话普及率为80%，而在边远地区和少数民族地区，普通话普及率为20%~40%，且大部分为年轻人。随着我国改革开放的不断深入，我们的国力越来越强大，国际地位日益提高，全中华民族的文化教育和素质水平的提高就迫切地摆到了我们面前，而文化素质的显著标志之一就是语言文字规范化的程度。普通话是语言工作者经过多年的研究及历史的积累，而形成的最科学、最规范的语言。它已有几百年的历史，是吸收了各地域的语言精华，经过归纳、总结、完善，成为各民族、各领域公认的统一语言。而语言规范化的重要标志是说好普通话、推广普通话。

第三节　"推普"视域下方言类电视新闻节目问题及对策

一、电视新闻节目"方言方说"存在的问题

毋庸置疑，电视新闻媒体中的方言类节目独辟蹊径，开创了本土新闻节目的新形式，丰富了新闻内容，推动了地方文化的发展。但事物都具有两面性，方言类新闻节目同样如此，在获得一定发展空间的同时，其盛行的背后也带来了一些不利影响，一拥而上的势头和良莠不齐的局面，使得其中潜存的问题日益凸显、不可忽视。

其一，电视新闻节目的"方言方说"，舍弃了普通话人所共知的编码方式，弱化了语言示范功能，制约了普通话的推广工作。普通话是现代汉语的标准语，推广普通话，是为了克服我国语言繁杂的弊端，为不同地域、不同民族人们之间进行沟通交流提供一个统一的交际工具和信息载体，促进商品、市场的流通。随着社会经济发展速度不断加快，普通话的重要性越发凸显。为推广普通话，国家采取了很多措施，这些措施极大地推动了普通话的普及，而电视新闻节目"方言方说"现象的出现及其发展趋势客观上与语言文字应用的典范和导向要求背道而驰，弱化了普通话的语言示范和引导功能。"方言方说"为适应地域文化、地域人群的需要，采用"方言编码"，制造出所谓的"方言文本"，确实能够对地域文化起到一定的保护和传承作用，但是，如果过度使用地方方言，就会产生负面效应，客观上淡化了推广普通话的意义，制约和影响普通话的推广。从受众角度看，收听和观看大量使用方言的

节目，无形中为信息传播筑起了一道语言隔离墙，客观上对其接受普通话构成了障碍，受节目影响，会逐渐减弱受众应用普通话的能力，降低其对普通话的认同，这无疑会对推广和应用普通话造成不利影响，也不利于各地区间交流。

其二，电视新闻节目的"方言方说"容易造成地域歧视。虽然通过"方言方说"，可以使本地受众产生亲切感和贴近性，取得较好的节目效果，但电视新闻节目的受众群体范围并不仅是本地群体，还包括很多来自外地、在当地工作和生活的人员。立足于狭窄的本土，使用方言进行播报，逐渐会形成"一方独大"的优越心理，会对无法听懂本地方言的部分受众群体造成影响，让这部分受众产生被排斥感和被冷落感，其负面的传播效果是显而易见的。从现实情况来看，现已开播的一些方言新闻节目，从"受众细分"需要出发，只服务特定的目标受众——往往是以大中城市的市民为主，客观上对外来人员起到了一种屏蔽的作用，剥夺了这些受众的知情权，使其无法分享公共信息资源，造成交流困难甚至是隔阂，这无疑有违新闻媒体作为公共信息资源平台、应为社会所有群体服务的职责和使命，违背了其社会性质。

其三，由"方言方说"所构成的语义场中，美化了某些地域色彩强烈的低俗元素，强化了其顽固性、保守性，甚至将其中的糟粕曲解为精华。例如，一些方言节目为做到"接地气"，甚至使用到一些粗俗语言、一些侮辱人的脏话、一些带有贬义的不良用语，从而造成言语失当。此外，目前出现的各类方言电视新闻节目，通常讲述的是一些生活上的顶事，内容简单或者信息量很少，仅仅报道"某某地方发生了某某事"，用作受众茶前饭后的谈资，并不追问"某某事为什么会发生"以及"该不该发生"，引发不了受众的主动思考。收听和观看电视新闻节目是外来人员了解当地的重要方式，如果节目内容立足于这种舍内容而求形式的"文化创新"，局限于方言形态的小众文化。缺乏一个"去粗存精"的过程，那么它代表的仅仅是一种狭隘的地域文化观，消解了主流文化，从长远看不利于国家内部的文化交流。

总之，尽管当前方言类电视新闻节目备受推崇，且本土化的标签在一定程度上可以成为该类节目异军突起的挡箭牌，但是其与推行普通话的政策相矛盾也是不争的事实。不论是无意还是故意，"方言方说"忽视了电视新闻节目的严肃性和权威性的要求。从根本上，它与国家新闻出版广电总局关于电视新闻节目的要求、国家语言文字主管部门的规定等背道而驰；因此，如何在二者之间权衡利弊，处理好普通话节目与方言类节目的关系，成了各个负责任的电视新闻媒体必须予以考虑的紧迫问题。

二、改进电视新闻媒体"方言方说"的对策

对于电视新闻节目的"方言方说"现象，存在两种截然不同的观点：一种观点认为，目前方言类节目尚未构成主流，无伤大雅，应该允许并支持其发展；另一种观点认为，目前电视新闻节目"方言方说"的发展趋势（尤其是在地方媒体上）令人担忧，已经对普通话推广工作产生了很多负面影响，不能任其发展，要加以遏制甚至是取缔。事实上，单从方言类节目整体来看，目前其数量并不是很多，但不可否认的是，方言类节目呈不断增加态势，尤其是部分逐渐产生品牌效应的方言类电视新闻节目，成为受众喜闻乐见的存在，已经对普通话推广工作产生了一定的冲击。因此，必须在保护方言与推广普通话之间取得一种平衡，做到既坚决维护普通话作为国家法定语言的权

威，又能够切实保护方言的生存环境，实现二者的协调发展。

首先，要加强对方言类电视新闻节目的管理。各级广电系统管理部门必须对"方言方说"现象进行规范和适度调控，要充分落实《国家通用语言文字法》要求，严格审批和监管，从宏观层面构建起"普通话为主、方言为辅"的传播格局，从根本上杜绝方言威胁普通话主流地位的情况。普通话推广与方言的保护、发展并不是决然对立的，严格审批和监管也不是要禁绝方言节目，而是要制止方言节目的无序发展，为推广普通话破除障碍。制定相关规定时，应广泛征求意见和建议，在进行大量实地调研、掌握实际情况的前提下，结合语言传播的客观规律来处理节目的语言使用问题，综合考虑方言节目所处的具体地区、具体节目类型、方言节目的接受群体，兼顾当前的现实需求和未来的发展趋势，来制定关于方言新闻节目的可操作性和指导性强的审批管理措施。新闻媒体不能简单将管理部门多年来提倡的"使用规范普通话，原则上禁用方言"的原则要求解读为"一刀切"，因为要"切"的并不是"使用方言"，而是"滥用方言"。可以看到，"方言方说"节目一直都没有被禁绝。国家广播电视总局的通知中有"除节目特殊需要外"的规定，即新闻节目可在一定程度上使用方言，这让方言类新闻节目有了生存的空间，但是，在积极拓展发展空间的同时，必须妥善处理方言节目与普通话节目的关系，改善二者之间的竞争势头，相互协助、共同进步。审批之后，管理部门还要通过一系列措施，建立起监管机制和评价体系，促使各级电视新闻媒体牢固树立大局意识、责任意识，科学安排好普通话节目与方言节目的播出时段，提醒、约束播音员、主持人分清场合，贯彻落实国家语言文字政策，在推广普通话、构建良好语言环境方面发挥带头示范作用。广电管理部门要做的是进行宏观调控，而非事无巨细地限制。当前，方言类电视新闻节目的最大问题是质量不高，因此，要有系统的质量考评机制，实现优胜劣汰。

其次，要把准方言类电视新闻节目的定位。方言是普通话的补充，决定了方言新闻节目也是可以作为普通话新闻节目的补充而存在。主流电视新闻节目的语言偏硬，方言节目的语言则是软的，在传递乡音乡情上具有不可替代的作用，恰好能起到调剂的作用。只不过，方言新闻节目不能威胁普通话的主流地位，不能对普通话推广工作产生干扰。因此，要结合普通话与方言的性质和特点，对两类新闻节目采取分类施行的措施，尤其是方言新闻节目要找准自己的定位，把握好节目的尺度。第一，电视新闻媒体要分清主次，"以普通话节目为主，方言节目为辅"的原则不能变。电视新闻媒体要在履行"推普"职责的前提下发展方言节目。也就是说，电视新闻节目要保证普通话作为主导语言的地位，避免使方言节目冲击普通话节目，实现新闻节目的多样化发展。作为负责任的电视新闻媒体，应站在全局高度致力于构建良好的社会语言环境，为改善语言生活质量尽一己之力。为维护语言生活的严肃性，对于方言的使用，总的原则是不宜过多，以免本末倒置。第二，要根据上述原则，结合方言的通行范围和不同的受众层次等具体因素，统筹方言新闻节目与普通话新闻节目的播出范围及播出时间。例如，与本土日常生活密切相关、只适合在地区新闻媒体平台上播出的节目、面向特定区域的新闻节目、针对固定受众（如年龄较大的受众）的新闻节目、民生娱乐性等生活气息浓厚的"软"新闻节目，不妨适当增加地域文化、本土资源的色彩，适度适量地采用"方言方说"，以满足本地受众的方言情结、多样化的观感需求和随意性的接收状态，带来较好的传播效果；与此相对应，覆盖面较广的时政新闻节目、代表政府形象的较为正式的新闻节目、起舆论导向和社会规范作用的新闻节目、科教类新闻节目等严肃题材的节目，则应尽量使用普通话播报。总之，"方言方说"要结合新闻节目、新闻体裁、新闻内容来灵活确定，区分不同新闻类型非常重要，有区别才能有取舍。电视新闻节目无须完全排斥方言，但也非滥用方言，如此才能产生正确的舆论导向，助力于普通话推广。第三，虽然在地位上不应该歧视方言节目，要给予其与普通话节目平等共存、竞争发展的机会，但在数量上要保证普通话节目的主体地位，只不过这一主体地位的保持方式要科学，不能对某一节目是否可以使用方言来做具体的、硬性的限制，而只能是规定两类节目的大体比例，弘扬主旋律并不等于排斥多样化，判处方言类节目死刑，在规定的比例范围内，应允许方言节目实现充分发展。第四，要合理规划方言类节目时长、档期排版等，不侵蚀普通话节目的主导地位，不影响普通话推广大局。

最后，要规范方言类电视新闻节目的用语。方言在电视新闻节目中的使用，总的原则应该是与时俱进，扬长避短。从语用学角度来看，普通话节目与方言节目的优点与缺陷并举：普通话的优势在于语音清晰、语词通达、语法严密，不足之处在于语感刻板、无奇；相比之下，方言的劣势在于语音模糊、语词专限、语法零散，但语感幽默、传神。这些特点，决定了普通话与方言各自的适用范围，也对方言的正确使用提出了规范要求，如何恰当利用，使其有效发挥功能。新闻媒体要进行细致考录，科学配置方言节目资源。具体而言，第一，"方言方说"为了拉近距离，贴近生活、贴近百姓、贴近当地的风土人情，不能以走向低俗化为代价。通俗并不排斥语言的生动性与趣味性。有些方言节目刻意追求收视率，迎合本土受众口味，不惜在节目中加入一些充满低级趣味的粗话鄙语，这无疑与方言节目的初衷背道而驰。因此，在使用方言时，必须把握好雅俗共赏的尺度，内容为王，剔除糟粕，选取精华，恰当运用，力求通俗，避免低俗。第二，方言类新闻节目的成功秘诀之一在于形式制胜，但使用方言时不能盲目追求新颖独特，违背基本的语法规范，在使用前要清楚方言词汇的含义，不能给受众造成理解障碍，贻笑大方，应注重方言用语的导向性，慎用通行范围过于狭隘的一些俚语俗词，而选择使用有比较广泛的"群众基础"的方言词，以"通俗"为标准，进行既"接地气"又"通人气"的恰当展示。第三，在使用方言播报时（或者邀请使用方言的嘉宾参与节目时），可配上普通话字幕，利用媒介组合了声音和画面的特点，针对懂方言的人，培养普通话的隐性受众。

第四节　新闻媒体推广普通话问题及策略

一、利用新闻媒体推广普通话的意义

新闻媒体，包括报纸、杂志、广播、电视、网络等，与人们的日常生活密切相关，是人们学习、娱乐的主要载体，新闻媒体通过声音、文字进行传播，其语言具有宣传、示范的作用，在引导人们的语言使用方面扮演着重要角色，具有不容忽视的影响力，对人们形成语言习惯的作用相当大。对于受众而言，新闻媒体对语言的使用，首先是一种态度的呈现。当新闻媒体规范使用某种语言时，受众能直接感受这种语言的权威性，然后倾向于像新闻媒体一样去接受它。由此可见，新闻媒体可以成为普通话推广的有效媒介。而事实上，规范、标准的普通话既是新闻媒体的传播工具，也是新闻媒体的语言基础。新闻媒体在推广普通话方面有着不可推卸的责任。目前，社会上仍有部分人尚未形成说普通话的语言习惯，不能恰当使用普通话，甚至对普通话有抵触情绪，心存较强的"方言优越感"，在根本上是没有认识到普通话的权威性以及讲普通话的必要性。这种局面的形成，与此前新闻媒体在语言使用上不规范的做法有关，新闻媒体语言混乱，不仅违背了国家语言文字相关法律法规，更严重的是它向人们传达出一种语言使用上的随意性，模糊人们对学习和使用普通话的必要性的认识，削弱人们学习普通话的欲望和热情，干扰人们已有的正确语言规范，影响全民普通话水平的提高。这就意味着，新闻媒体既是普通话推广的重要渠道，本身又是普通话推广工作的对象。只有新闻媒体语言规范了，普通话的推广才能更加全面、顺利地进行。规范新闻媒体语言与推广普通话相辅相成。新闻媒体要严把语言关，在语言使用上要符合规范，起到表率作用。

从个体角度来看，新闻媒体工作者，不论是幕后的播音员还是台前的主持人，说好普通话是必备的职业素质之一，他们应在推广普通话方面发挥示范作用，成为人们规范使用通用语言文字的榜样和标杆。原广播电影电视部部长孙家正曾明确指出："在推广普通话方面，除了各级各类学校外，广播电影电视是广大人民群众的课堂。在人们的心目中，新闻媒体的播音员和主持人使用的语言就是标准语言，许多争论不休的读音问题，在实践上往往统一于播音员和主持人。"综上所述，新闻媒体在社会语言生活中具有强大的语言影响力，广大的新闻媒体工作者，尤其像播音员、主持人这样的有声语言工作者，他们在语言规范方面具有重要的引导作用，是人们学习普通话的标杆。播音员、主持人在受众心目中具有极高的权威性，是人们心中的"活字典"，他们对于语言的使用被视为标准用法，其语言使用规范与否直接决定了普通话推广的效果。

对某种语言的接受与使用习惯的养成，需要良好的语言环境，包括家庭、学校等。长期以来，人们掌握普通话的途径，除了"学校学习"外，"看电视、听广播"成了很多人的最佳选择。新闻媒体工作者的普通话语音纯正，是社会大众接受语言信息的心理定式之一，其展现出的语言标准，借助新闻媒体无可比拟的被盖面、影响力等传播优势，将在全社会发挥出导向和规范作用，对受众的语言水准、格调和修养产生潜移默化的影响。总之，既然广播电视新闻节目的主持人、播报员（甚至包括记者）是很多人学习普通话的老师，新闻媒体也就顺理成章地成为人们学习普通话、提高普通话认知度的重要渠道，新闻媒体在语言使用上必须做到"写规范汉字，说标准普通话"的基本要求，否则，失范的新闻媒体语言将对普通话推广产生巨大的负面影响。新闻媒体本身就肩负着推广普通话的责任，要求每一位新闻媒体工作者，展示出自己良好的语言素质，这既是必需的职业技能，更是一种不可推卸的社会责任。如果新闻媒体工作者在语言能力方面不过关，表达不符合规范，或者充斥着各种方言，由于受众文化背景不同、所在区域不同，将会弄巧成拙，造成语言混乱，形成理解障碍，使人不知所云。因此，身份特殊的新闻媒体作者，必须坚持使用规范化的语言，传递准确的语言信息，在吐字归音方面展现规范化的语言风采，坚持在各类新闻节目中说标准的普通话，自觉抵制语言失范现象的侵袭。

二、新闻媒体推广普通话存在的问题

不可否认，我国过去数十年的"推普"工作取得了重大成效，而新闻媒体在推广普通话方面也做了大量的工作，发挥了积极作用，功不可没。但是，需要注意到，目前新闻媒体在"推普"过程中也存在不少问题，这些问题与新闻媒体本身承担的责任和义务是相违背的，已影响到普通话的推广。这些问题的存在同时表明，现实和理想之间存在一些距离，要达到"推普"工作的预定目标，任重而道远。

（一）新闻媒体从业人员选拔上的问题

按照国家广播电影电视总局的明确要求，省级以上广播电视播出机构播音员、主持人等普通化水平必须达到一级甲等，这意味着活跃在话筒前荧屏上的电台、电视台的播音员、主持人普通话语音应该是标准的，文体表达应该是规范的，语言面貌应该是健康的。目前，在新闻媒体工作者当中，绝大部分人都受过规范的普通话训练，通过了严格的甄选，才成为新闻媒体人的一员，他们大多能很好地掌握标准普通话。然而，随着新闻媒体事业的快速发展，新闻媒体工作者队伍的迅速扩大，一些新闻媒体对从业人员的要求却在降低。目前，各级新闻媒体，特别是一些地方新闻媒体，由于快速发展的业务需要，一时难以找到高素质的理想人才，在甄选时，对语言素质的要求有所放宽。有些媒体在选人用人时，甚至只用形象，而不重视语言能力标准，认为只要候选人员形象好，其他的似乎都不太重要，导致一些新闻媒体工作者，没有接受过系统、严格的普通话训练，或者在之前的学习中不太重视普通话，再加上外来文化和一些社会不良语言文字使用习惯的影响，出现了普通话水准下降、知识性错误时有发生等现象，这些都是与国家大力推广普通话的要求背道而驰的。

目前，各级新闻媒体工作者队伍在学识、阅历、思想水平、业务能力等方面存在明显差别。具体到语言素质方面，由于走上相关岗位的途径各异，致使存在的问题也各不相同。以主持人群体为例，大体可分为两部分：一部分是由记者、编辑等转行而来，这部分人员通常方音较重，普通话不甚规范，缺少播音表达技巧；另一部分则是科班出身，这部分人员大多具有一定的普通话基础，经过比较严格的专业训练，语言表达基本功扎实，但有些无稿播音水平较差，临场发挥及应变能力不强，种种原因导致了各级新闻媒体工作者群体中普通话运用水平较低的现状。

（二）新闻媒体工作者的语言态度问题

有些新闻媒体工作者对是否应该使用规范标准的语言持怀疑态度，有人认为，播音员播新闻节目，其普通话标准程度要求高些，要使用纯正的普通话，而节目主持人则可以随意些，语言可以"生活化"，能让人听懂就可以了；有人倡导"主持人的语言越不像播音越好""用口语更亲切"等一些模糊人们视听的说法；有人为体现出节目的百花齐放，还特别提倡"港台味的普通话"，认为这是一种时尚潮流。在这些错误观念的误导下，目前一些新闻节目为了标新立异，故意夹杂方言、外语、港台腔，明显不符合普通话词汇和语法规范的现象屡屡出现，如"哇塞""酷毙了""酱紫""我是很中国的""嗯哼""美眉""粉丝""PK""一切就OK了""神马""给力""高富帅""不要不要的""白富美""有没有""怎么了""伤不起""坑爹""雷人""人艰不拆""细思恐极""不明觉厉"等不规范用词用语，被随意嵌入新闻节目中，各种酸涩或煽情夸张的表达涌进新闻节目的大雅之堂。这样的用词用语，相对于原来规范的播报式和宣读式普通话播音，迎合受众求异求新的心理，使受众产生一种新鲜、刺激的感觉，从而增加新闻效果。但是，它对受众心理的影响是短暂的，时间一久，受众还是会觉得用标准普通话表达听着更舒服。

如前所述，新闻媒体是推广普通话的一个重要窗口。从根本上来看，新闻媒体从业者的语言既是社会语言的标志，同时也是社会语言的标杆，而且是最高层次的标杆，其语言面貌、语言能力、语言规范程度，影响所及绝不仅限于节目的传播效果。实际上，中国广播电视协会制定的《中国广播电视播音员主持人自律公约》，早就对电视节目中存在的故意模仿"港台腔"或其他地域语音、故意颠倒基本语法结构或在普通话中加入外语、网络语等现象，予以严厉禁止。《自律公约》重申了推广普通话、使用通用语言文字是新闻媒体工作者的职业责任，要求语言表达规范、准确。

（三）新闻媒体工作者的语言功力问题

目前新闻媒体工作者在普通话语音方面存在一些相同问题：其一，轻重格式问题，一些新闻媒体工作者在发音时，许多词语的轻重格式和普通话不符，尤其是在播报人名、地名和其他一些固定词语时，特别明显。其二，吃字问题，这主要表现在零声母和韵母的脱落上，尤其是韵母的脱落或弱化，作为承担普通话传播功能的新闻播音，是不允许此类情况出现的，其三，声调问题，调值正确与否，直接影响到发音是否规范。受方言影响，在连续的语流中，调值往往达不到普通话标准调值的高度，这是新闻播报出错率较高的一个方面。其四，播音、主持口语化，有人把口头语言中的杂质和不规范的东西带进新闻节目里，显得啰唆、不简洁，有的丢三落四，句子不完整，有的用语不文明、不干净。在已经出现在一些广播电视节目主持人身上的问题当中，轻重格式问题与吃字问题都属于读音错误，属于"习惯性"误读。所谓"习惯"，是指长期误读，不以为错，以错为对，以致一错再错，最终造成了广泛的不良影响，对受众产生了语言误导。在一些新闻媒体工作者看来，纠正这些错误，似乎是在小题大做，不屑一顾，可这些"习惯性误读"会在受众中以讹传讹，久而久之将自我"毁誉"，对所在新闻媒体的形象也存在一定的伤害[①]。

总之，长期以来，一些播音员、主持人的普通话发音不标准、不规范，吐字归音不到位，气息运用不得当，基本功不扎实。并且，这些问题不仅出现在地级新闻媒体中，甚至在一些省级以上主流的新闻媒体中也有所发生。例如，《新闻联播》除中央电视台外，各省都有这档必备节目是广大观众了解最新新闻动态的一档黄金节目，信息量大，时效性强，语言要求本应最高，然而，令人遗憾的是，在《新闻联播》中，一些记者在出镜采访或做现场报道时，常常可以听到其操一口浓重的地方口音或不够标准的普通话，这样的采访或报道不利于受众对语言信息的接收，最终影响普通话的推广效果。一些地方新闻媒体的播音员、主持人没能正确地掌握标准普通话，个别字词的语音不够规范，这样更容易误导特定区域的受众，不仅不能发挥新闻媒体推广普通话的作用，还会使规范的普通话语音受到冲击。目前还可以发现，在

---

① 钱晓玉. 媒体语言的规范问题对于普通话推广的影响 [J]. 玉溪师范学院学报，2012，（11）.

一些纸质和网络新闻媒体中也存在诸多用语失范现象，特别在网络新闻语言中，遣词造句不符合语法规范，生僻新词层出不穷，出现了数字语言、字母语言、谐音简化、表情语等各种混淆正误的现象，最终影响到普通话使用的规范化。

三、改进新闻媒体推广普通话的对策

如放任以上问题发展下去，将对整个"推普"工作产生不利影响，造成极大的副作用。因此，这些问题应当引起各级新闻媒体的高度重视，采取有效措施加以改进。

（一）进一步落实执行相关法律法规

新闻媒体机构及工作者要增强法律观念，依法办事。《中华人民共和国国家通用语言文字法》等是关于普通话推广及使用的基本法律法规，新闻媒体工作者必须学习和遵守，不能在执行上打折扣。首先，各级新闻媒体要进一步落实播音员、主持人持证上岗制度。随着普通话水平测试工作体系的建立健全，通过相应级别的普通话水平测试，已成为进入各级新闻媒体从事播音、主持工作的必备条件，今后各新闻媒体应更严格执行这一持证上岗制度，并将其推广到新闻记者、编辑等尚未规定应当具备何种普通话水平的其他岗位上去，推广到省市县等地方新闻媒体机构中去，对达不到相应普通话水平要求的，应撤下来，换岗做其他工作，不能姑息迁就。[①] 或许有人会担心，这样做会把一些有能力但通不过测试的人员淘汰掉，会"埋没了有潜质的人才"，这种观点毫无道理。按《普通话水平测试等级标准》来考核新闻媒体

---

① 何小刚. 电视新闻记者应当是普通话的推广者 [J]. 新闻研究导刊，2015，（17）.

从业人员，落实好持证上岗，达到哪一级就按哪一级上岗，这个"一刀切"是保证普通话水平测试的权威性、公正性的必要之举。就新闻媒体的性质和应承担的责任而言，新闻语言必须标准和规范，对任何不规范现象的放任和迁就，都是对受众的不负责任。还有人认为，普通话水平测试会淹没播音员、主持人的个性。但是，假如广播电视里尽说着不三不四的伪普通话，受众会接受吗？要求新闻媒体从业人员接受普通话水平测试，实行持证上岗，对于净化和规范新闻媒体语言环境，借以推动普通话推广，不啻一剂良药。不仅如此，有关部门还可考虑建立普通话水平测试证书有效期制度，把语言规范要求与新闻媒体行业的业务考核长期有效地结合在一起。如实行普通话等级证书有效期制度，可以使播音员、主持人等新闻媒体工作者更加重视在工作场合使用标准普通话，可鞭策新闻媒体人员进一步做好本职工作。

其次，新闻媒体机构要完善监督机制。为保障播音员、主持人新闻语言的质量和水平，应建立明确的奖惩条例，把规范读音当作一条工作纪律来加以约束，按照单位时间内的出错率，规定最低与最高限额的奖励和处罚，从而调动相关人员提高语言质量的积极性。正如报纸和刊物有校对员，广播电台、电视台也应当广泛设立"监听员"。目前已有一些电视台、电台等机构建立了监听制度，但主要是简单地记录新闻播音员、主持人某时某节目中的发音错误，大多属于内部监听。为达到更好的监听效果，还应推行外部监听，即聘请一些外部人员，包括语言学专家、普通话水平测试员等，做业余监听员，让他们不定时地监听播音员、主持人的语言情况，将不规范状况反馈给本人或节目组。如果能够将两种监督制度有效结合起来，新闻媒体工作者普通话使用规范程度一定会明显提高，为受众学习普通话树立榜样。①

（二）端正新闻媒体工作者的语言态度

新闻媒体是普通话推广的重要渠道。新闻媒体工作者有推广普通话的义务，讲好普通话是每一位新闻媒体工作者的职业操守。因此，新闻媒体工作者自身应正确认识语言的作用，认清自身肩负着语言规范的责任，端正语言价值观念，牢固树立普通话的权威地位，不仅要讲普通话，讲好普通话，更要做普通话的推广者。当前，一些播音员、主持人恰恰忘记了身负推广普通话的职责，放松了在工作过程中使用规范语言的要求，也使作为工作语言的普通话不能充分发挥积极的示范性。对此，各级新闻媒体工作者首先应该在主观上加强语言规范意识，思想上重视说好普通话，不断加强相关法律法规的学习，增强自我约束力，以身作则，做推广普通话的排头兵，从而有效推进普通话推广工作。另外，针对受"时尚""时髦"等潮流影响造成的语音问题，各级新闻媒体工作者应当坚持贯彻《中国广播电视播音员主持人自律公约》，抵制各种"低俗风"，抵制各种拙劣的模仿以及打着"个性化"旗号的播报方式，始终牢记作为新闻媒体，要注意语言文字的规范，不能去迎合那些失范的语言现象。无论是播音员、主持人，还是出镜的记者、编辑等人员，都要坚持使用国家规定的语言标准，在采访过程中，不妨对被采访者多说一句："请讲普通话"。

其次，新闻媒体在履行推广普通话责任时，应更加积极主动，结合以往经验和前期工作，可在以下两方面多下功夫：一是各级新闻媒体机构应大力宣传"推普"的方针、政策，向社会介绍推广普通话的意义和目的，多设置

① 鲁立.新闻播音中普通话语音的规范化与审美特征[J].传播力研究，2017，（10）.

一些普通话宣讲类的节目，如举办普通话知识竞赛，在竞赛中普及常见错读字、异读字、误读字的正音，也可尝试举办各类专题讲座，邀请优秀的播音员、主持人、从事语言文字工作专家等，讲授汉语拼音、普通话导读词审音等；二是多"走出去"，利用好自身资源，安排播音员、主持人等多下基层，到各个单位，帮助他们举办普通话学习班、培训班，在社区、街道、村委会等基层组织举办各类语言活动，提高群众的规范读音程度。总之，要营造使用普通话的良好氛围，让人们能够爱普通话、学普通话、说普通话。

（三）提高新闻媒体工作者的语言素养

首先，各级新闻媒体作为具体的用人单位，在选拔录用工作者尤其是语音工作人员过程中应该严格把关，应将普通话语音是否标准、规范作为重要的考核指标之一，在同等条件下，优先选拔普通话基础好、读音规范的人到新闻媒体来。有人可能会认为，普通话可以在上岗以后慢慢学习，方音亦可得到纠正，其实未必。普通话语感绝不是在较短时间内就可以训练出来的，但要想有一个质的飞跃绝非一朝一夕之功，一些不规范的现象如不加以注意，是不容易发现的，而恰恰是这些现象会对受众产生潜移默化的影响，造成语言的混乱。因此，必须将这些隐患消除在萌芽状态，在源头上杜绝语言不规范现象，为引导受众正确使用普通话打下良好基础。

其次，针对在岗尤其是新上任的人员，各级新闻媒体要重视其语言水平的提高，应给他们提供各种机会加强语言规范方面的学习，有针对性地进行语音纠正，提高普通话测试成绩和语音规范水平。各新闻媒体机构应建立一套完整的岗位培训制度，经常邀请一些语言专家来授课，进行面对面的辅导，或者送到外单位接受长期或短期的普通话技能训练。另外，要有必要的监督机制，促进工作者加强语言业务的学习。

标准的普通话、规范的语音是对新闻媒体工作者的基本业务要求。作为一名新闻媒体工作者，自身也要有意识地加强普通话水平的提升，多听、多说，练好普通话基本功，增强纯正普通话的语感，常备《普通话异读词审音表》《现代汉语规范字典》等，对比自身与优秀播音员、主持人、记者的差距，多琢磨，多模仿，多实践，从而提高自己的业务水平。同行之间应加强联系，共同营造一个"说普通话的语言环境，互相促进，共同提高"。（赵颖《媒体语言对推广普通话的影响》）在实际工作中，要切实履行好传播规范语言的责任，节目前做好准备工作，熟悉节目内容，严把语言关，及时查询生僻字词的发音，切忌误导观众，同时，应注意积累易错词汇。这样，日积月累，就能补上规范读音这一课。对于部分普通话读音基础差的记者、编辑，更要下功夫学好普通话，掌握规范读音的基本功。练习普通话要有不辞辛苦、坚持不懈的精神。

第五节　新闻媒体在推广普通话中的示范作用

媒体是指新闻媒介通过进行信息交流、传播的工具或载体，如报纸、刊物、广播、电影、电视、广告等。但报纸、刊物主要是通过文字形体来传播信息，广播和电视主要是通过有声语言传播信息（电视传播信息的载体除了有声语言外还有图像）。从推广普通话的角度看，我们在这里所说的新闻媒体主要是指广播和电视这两个对全社会影响最大的现代化有声传播媒介。

一、推广普通话是新闻媒体所应担负的重要社会责任

早在 1987 年 4 月，国家语言文字工作委员会（以下简称"国家语委"）和广播电影电视部就颁发了《关于广播、电影、电视正确使用语言文字的若干规定》，指出"广播、电影、电视使用语言文字应做到规范化，对全社会起积极的示范作用"，"县、市以上（包括县、市）的广播电台（站）的播音，除少数民族聚居地区和其他特殊情况者外，都应逐步达到全部使用普通话"，"电影、电视剧（地方戏曲片除外）要使用普通话，不要滥用方言"，"广播、电影、电视使用普通话要合乎规范，应当避免读音差错。" 1992 年 10 月 23 日国家语委在《关于当前语言文字工作的请示》中又明确提出："推广普通话，促进汉语规范化，是我国新时代语言文字工作的首要任务"，"广播、电视、电影、话剧以及音像制品等在语言使用上具有很强的示范作用，必须使用标准的普通话"。1992 年 11 月 6 日在《国务院批转国家语委关于当前语言文字工作请示的通知》中要求各级人民政府和有关部门要"坚持不懈地抓好推广普通话、推进文字规范化、推行汉语拼音等工作"。1997 年 12 月 23 日，李岚清同志代表党中央、国务院在全国语言文字工作会议上的书面讲话中指出："要发挥新闻出版、广播、影视等媒体的示范普及作用。新闻出版和广电系统除特殊要求者外，必须继续执行国家语言文字各项规范和标准，在用语用字方面真正成为全社会的榜样。"[①]

这里要特别指出的是：2000 年 10 月 31 日第九届全国人民代表大会常务委员会第十八次会议通过，并于 2001 年 1 月 1 日起在全国实施的《国家

---

① 全国语言文字工作会议在北京召开 [J]. 中国语文，1998（2）.

通用语言文字法》，是中华人民共和国成立 50 多年的历史上，也是中华民族 5000 多年的文明史上由国家颁布的第一部关于语言文字的专门法律。这部重要法律的第十二条规定："广播电台、电视台以普通话为基本的播音用语。"第十四条规定了"广播、电影、电视用语用字""应当以国家通用语言文字为基本的用语用字"，第十九条规定："播音员、节目主持人"都应"以普通话作为工作语言"。

以上所列举的国家领导人的讲话、国家有关部门的文件，特别是《国家通用语言文字法》这部重要法律的规定，都十分明确地要求广播、电视部门的播音员、主持人"必须使用标准的普通话"，在推广普通话方面发挥示范作用和榜样作用。这是播音员、主持人必须担负的重要社会责任，是义不容辞的光荣使命。播音员、主持人的工作岗位、职业特点和普通话水平使他们很自然地成了广大听众、观众学习和使用普通话的老师。著名语言学家、国家语委原副主任陈章太说："随着汉语热在国际上的日益升温，随着中国国际地位的不断提高，我国媒体覆盖面也逐步扩大，现在世界各个地区都可以收听收看到我们的广播电视节目，覆盖面之广，收听和收看的人数之多，在世界媒体中都是名列前茅的。"多年来不仅中国有许多干部和群众跟着中央人民广播电台、中央电视台的齐越、夏青、沈力、方明、林如、赵忠祥、陈铎、邢质斌、罗京、李瑞英、倪萍、敬一丹等播音家和或主持人学习普通话，而且外国也有些朋友跟着我国的一些重要媒体学习普通话。例如日本 NHK 的先生说，他们的汉语节目播音，语音标准是依据我们中央人民广播电台的播音。他们说，我们将中国中央人民广播电台的播音录下来，跟着学。由此可见，播音员和主持人在推广普通话方面所起的表率和示范作用是其他战线、其他行业的人员无法取代的。播音员和主持人必须充分认识到自己在推广普通话工作中所肩负的神圣使命和重要职责。

二、新闻媒体推广普通话工作现状简析

从 2003 年 4 月至 12 月，我们曾先后到湖北人民广播电台、湖北电视台、湖北经济电视台、武汉广播电台和武汉电视台，与有关领导、播音员和主持人一起开了座谈会，并专门与几位播音指导和负责"推普"的干部面谈，阅读了部分《声屏瞭望》《广播记者》《编播通讯》等刊物、资料，还阅读了这几个电台、电视台制订的关于推广普通话的文件、规定，看到了这几个单位填写的"推普"情况调查表，同时收听、收看了中央、湖北和武汉一些电台、电视台的节目，这使我们对中央和几个地方有声传媒的"推普"情况有一定的了解。总的来说，这些新闻媒体在推广普通话方面能够很好地或比较好地发挥示范作用，成绩显著或比较明显，但也不同程度地存在某些不足之处。

（一）新闻媒体在推广普通话中所起的示范作用

1. 媒体领导对"推普"工作比较重视，并采取了一些切实的措施

（1）建立了"推普"机构，加强了对推广普通话工作的领导。湖北省广电局制定了鄂广人〔2003〕64 号文件，即《湖北省广播电视局实施〈中华人民共和国国家通用语言文字法〉办法》，其中明确提出"推广普通话和推行规范字是全省广播影视系统工作者的共同责任"，"广播电视的播音、节目主持、采访等，应当使用普通话"等要求。省广播电台为了更好地落实《国家通用语言文字法》，于 2003 年 4 月 1 日制定并下发了《湖北人民广播电台贯彻落实〈国家通用语言文字法〉实施意见》，并成立了湖北人民广

播电台语言文字工作领导小组，对全台语言文字工作实行行政领导分层负责制。"要求全体工作人员在对内、对外工作、交往中使用并大力推广普通话"，湖北台中波一套节目及各系列频道的所有自办节目，必须以普通话为播音和节目主持用语（戏曲、曲艺节目除外）。湖北电视台于 2003 年 4 月成立了由台长唐源涛任组长、副台长李世全任副组长的台语言文字工作管理小组。武汉市广播电视局于 2002 年 9 月 19 日成立了语言文字工作委员会，并于 2002 年 12 月 18 日制定下发了《关于将语言文字规范工作纳入人事基础性管理的有关规定》。这一文件明确规定："在招录或聘用方面：语言文字合格是我们各部门、各单位用人准入条件之一"，"播音员、主持人的聘用、持证上岗、考核、队伍建设及管理按照《武汉市广播电视局播音员、主持人管理暂行规定》的有关要求执行"。

（2）在各种公共场合，省市电台、电视台的台长、副台长、书记，以及电台、电视台所属各部门负责人都坚持讲普通话，虽然有的同志讲得不很标准，但在运用普通话方面起了带头作用。

（3）积极宣传"推普"和开展推广普通话的活动。如湖北省电视自每年播出的关于语言文字方面的新闻在 5 篇以上。湖北人民广播电台自 1986 年以来，已主办了九届全国和全省普通话大赛，每次参赛人员有教师、干部、学生、部队军官和干警等，通过初赛、复赛和决赛，既推动了普通话的推广和普及，又发现了一批可以造就的播音、主持人才。现在湖北省、武汉市和外地电台、电视台的一些播音员、主持人中，有一些就是湖北省电台历届普通话大赛中脱颖而出的优胜者。湖北省电台、省电视台、武汉广播电台、电视台都曾多次为一些机关、团体、学校办普通话培训班，帮助社会各界学习和使用普通话。武汉广播电视局的同志们说，这几年武汉市的一些机关、团体、企业等单位要求学习普通话的人越来越多了。

（4）积极开展听评或监听工作。湖北电台成立了听评专家组，建立了对省台节目质量（包括播音的准确程度）的听评、评估体系，并把节目质量听评与湖北电台机构改革、人事制度和分配制度等改革挂起钩来。湖北电视台编辑委员会也制定了《湖北电视台节目审查管理及责任追究处罚暂行办法》，对日常节目的审查和评分标准、处罚和奖励办法都有具体、明确的规定。武汉市广电局广播节目中心为了减少和杜绝播音差错，在节目播出过程中，要求节目监制或直播室进行现场监播，以便于发现问题时及时纠正。在实行内部监督的同时，还充分发挥社会监听员的作用。监听员反映的语言应用问题，一经查实，即从当事人当月工资中扣除50~100元，并通过《播出简报》进行内部通报批评。

2. 播音员和主持人在推广普通话中发挥了示范作用和带头作用

中央人民广播电台在"推普"工作中发挥的示范作用最突出。从20世纪50年代到现在的50多年中，有不少听众都跟着中央人民广播电台的播音员学说普通话。中央电视台大多数播音员的普通话也都标准，特别是每晚黄金时间新闻联播节目播音员的播音。"人与自然""动物世界"等栏目的播音，普通话都说得十分标准、规范。

就湖北省和武汉市的情况看，湖北人民广播电台、湖北电视台、湖北经济电视台、武汉电台、武汉电视台也都有一些在使用普通话方面能很好地发挥示范作用的播音员和主持人，特别是播音指导刘静、华岳、马力、柳棣、张小陵和一些优秀的播音员、主持人如李燕、王曼、晓河、孙汀娟、姜梅、谢东升、柳莺、曾建斌……，他们的播音和主持基本上代表了湖北省广播电视界的普通话水平。例如湖北电台播音指导、播音组组长刘静，从1975年开始从事播音和主持工作，至今已有30年。她播音、主持、演播的作品有8件获得了国家级一等奖，包括中国播音与主持一等奖、全国戏曲广播节目一等奖、格林兰杯全国戏曲广播节目特等奖、全国农村广播节目一等奖、全国广播节目一等奖等，还获得了湖北省广播节目、广播文艺等方面的一等奖多项。30年来，刘静不论是平时播新闻节目，还是担任全省或全国大型现场直播和解说，不论是为专题片配音，还是演播广播剧，始终坚持用标准、流利的普通话，为普及和推广普通话做出了较大的贡献。华岳、马力、柳棣、孙汀娟、张小陵、柳莺等播音员和主持人也都在自己的岗位上很好地为推广普通话发挥了示范作用和带头作用。近几年来，湖北省和武汉市几个主要有声语言媒体播音水平不断提高，在全国播音比赛中取得的成绩越来越好。除前面所说的湖北电台的刘静多次获奖以外，2002年度湖北电台共获得中国广播奖一等奖2个，二等奖2个，3等奖1个，2003年11月15日湖北电台新闻性评论节目主持人郭静、武汉人民广播电台著名的广播节目主持人柳莺均荣获第六届全国广播电视节目主持专业的最高奖"金话筒"奖，在此之前，柳莺曾荣获第四届"金话筒"奖银奖，两次荣获全国十佳音乐节目主持人第一名，湖北电台宇娟也曾荣获"金话筒"银奖，孙曼莉被评为"全国百优广播节目主持人"等等。

（二）几点不足

我们通过听广播、看电视和查阅有关资料、文章，发现上述几家电台、电视台和中央电视台在"推普"方面做得不够的地方主要有以下几点：

一是有少数播音员、主持人的在接受普通话水平测试或播音、主持时使用的普通话不是十分准确、规范。其主要表现是：（1）语音不标准，如将"嫉妒""殷红""角度""气氛"等词中注了汉语拼音的字分别读成"嫉、殷、角、氛"。有一位资深的播音员在节目中把"从来纨绔国伟男"句中的"纨绔"说成了"zhi kua"；还有一位著名的播音员在播送新闻联播节目时将湖北黄冈的"冈"念成三声等等。像这一类的语音不准、声调不对、念错了字的现象绝不是个别的，而是人们时有所闻的。又如中央电视台2003年4月28日一套节目《东方时空》采访战斗在抗非前线的病毒专家祝庆余，主持人多次将"冠状病毒"的"冠"念成四声的冠，2003年5月13日第二套节目，主持人采访时将"说服"的"说"念成"shui"，2003年5月20日一套节目主持人将"着迷"的"着"说成"zhuo"，还有将"着（zhuo）想"的"着"念成"Zhao"。（2）随心所欲地简化词语。如有一天广播中说朱镕基总理将出访阿、摩等国。这"阿"是阿尔巴尼亚？还是阿尔及利亚，或者是阿根廷？"摩"是摩洛哥？是摩纳哥？还是摩尔多瓦？听广播听不明白。又如"纠风办"（纠正行业不正之风办公室）、"计生委"（计划生育委员会）、"扩权"（扩展权利）、"青啤"（青岛啤酒），这些在广播电视中出现的简缩词语，懂得的人很少，如果不在这些简缩词后面注明原来的词语，一般读者和听众是很难准确理解的。（3）电视中插播的一些广告，常常将"刻不容缓"说成或写成"咳不容缓"，将"默默无闻"说成或写成"默默无蚊"，用篡改成语的办法来为商品做广告，常对青少年学生使用成语造成误导。（4）在主持人用语中还有滥用方言词语的现象，如不说"谈恋爱"而说"拍拖"，或用方言语法格式的，如说"给我一个理由先"等。

二是有些电台、电视台，特别是地、县两级电台、电视台每天用方言播送节目的时间过长，比重过大，既不利于推广普通话，也不利于向广大的群众宣传党的方针政策和为多数人服务。

三是广播电视语言在注意规范化、标准化的同时，如何做到丰富多彩、生动活泼，更加平易近人和富有亲和力，是有待于探讨和解决的问题。

四是围绕播音和主持语言的运用，这就还牵涉到一些认识上、理论上需要探讨和解决的问题，如多数人认为播音应该做到字正腔圆，但也有些人认为这是一种古板的、不合时宜的态度；有较多的人认为播送新闻节目应当严肃、庄重，也有人认为不能模式化，应该把"读"新闻变成"说"新闻；有的人认为运用港台腔更能贴近群众，有些人则认为不能去迎合少部分市民的口味。我们在湖北省、武汉市几个重要的有声媒体开座谈会时，不少中青年播音员和主持人都谈到这些方面的问题。

三、新闻媒体在推广普通话方面应如何更好地发挥示范作用

（一）新闻媒体的主要负责人应进一步加强对推广普通话工作的领导

一个部门、一个单位的推广普通话抓得好不好，关键在于主要负责人对这项工作的领导是否得力。而领导是否得力又与主要负责同志对"推普"的认识是否到位和工作是否到位有密切的关系。我们在前面已经指出湖北省的几个主要的有声媒体"推普"情况是好的，但各新闻媒体的"推普"工作的发展状况也是不平衡的。有的新闻媒体还没有建立语言文字工作委员会或语言文字工作领导小组，其应该按照国家语委、国家广电总局和省语委、省广

电局的要求尽快建立这类机构；已经建立了的，还应进一步健全语言文字工作机构，配备一名干部专管此事；如暂时没有专职语言文字工作干部，至少要有一人兼管，兼管人员应有一半的精力用来抓"推普"工作。根据一些"推普"先进单位的经验，加强对本部门、本单位推广普通话的领导，主要应抓以下几项工作：

（1）分管语言文字工作的主要负责同志要认真学习和了解党和国家在社会主义新时代语言文字工作的方针、政策和任务，特别是要认真学习、深刻领会《国家通用语言文字法》，了解国家对新闻媒体在"推普"方面所提出的要求，了解新闻媒体在"推普"方面所肩负的社会责任和光荣任务，从而树立和加强做好"推普"工作的规范意识、法律意识，树立和增强开展"推普"工作的责任感、使命感、紧迫感觉。

（2）要有一定的经费来支持和保证"推普"工作顺利开展。

（3）将推广普通话列入本部门、本单位的议事日程，按照国家语委、国家广电总局和省语委、省广电局的要求，向本部门、本单位群众做好关于推广普通话的日常宣传工作，做好一年一度的"全国'推普'宣传周"的工作。

（二）不断提高播音员、主持人和其他员工思想、业务素质，使播音员、主持人在"推普"工作中更加自觉地发挥示范作用

针对新闻媒体职工队伍的实际情况，应采取适当的方式加强对播音员、主持人的教育，特别是加强对年轻的播音员、主持人的教育，鼓励和引导他们好好学习齐越、夏青、沈力、方明、林如等老一辈播音家热爱播音事业，有强烈的责任心和乐于奉献的精神，在工作上要有一丝不苟、精益求精的精神，在业务上孜孜不倦、努力进取的精神。像著名的播音家、中华人民共和国第一代播音员齐越教授，从 1948 年 5 月在陕北新华广播电台担任播音员到做中央人民广播电台播音员的几十年中，始终把播音工作当作一项崇高的事业，他是一位"用生命播音的人"。他在日常工作中经常就"这个字的写法""那个字的规范读音"与同事们互相切磋，他在播音中所达到的"播音大师"的水平，是与他数十年如一日、坚持不懈地学习和兢兢业业地工作分不开的。国家广播电视总局徐光春局长要求播音员、主持人做到"德才兼备，声形俱佳"，这八个字相当准确地概括了国家对当代播音员、主持人在思想业务素质方面的要求。事实上，像齐越、夏青等老一辈的卓越的播音家，不仅是"德才兼备"，而且是"德艺双馨"的播音艺术家。他们以播音事业为重、处处为听众着想的品格，永远是当代中国播音员和主持人的榜样。

在中华人民共和国阳光的照耀下和雨露的滋润下成长起来的中青年播音员和主持人，是当代中国广播电视队伍中的中坚力量和新生力量，是广播电视事业的未来和希望。但现在我们的播音员、主持人队伍中，有部分同志，主要是年轻的朋友，却缺乏对工作的强烈的责任心，播音前往往没认真备稿，遇见不认识的字或没有把握的字，也不愿花时间去查字典、词典，这样怎能不读错字音呢？还有的同志不喜欢同行指出他播音或主持用语中的毛病，这样又怎能克服自己的弱点和短处，不断地提高普通话水平和业务能力呢？

所以现在的中年和青年播音员与主持人，一定要好好继承和发扬老一辈播音工作者的光荣传统和优良作风，同时又要在思想上和专业上做到与时俱进，承前启后，继往开来。在社会主义现代化建设的新阶段，播音员、主持人面临着新的机遇和新的挑战，当代的中青年播音员和主持人只有积极地"承前"，才能更好地"启后"，只有认真地"继往"，才能更好地"开来"，湖北省和武汉市现在有一些荣获"金话筒"金奖、银奖和其他重要奖项的播音员、主持人，他们都是"德才兼备，声形俱佳"的优秀广播电视工作者，但是这些优秀人才身上也还存在这样那样的不足，湖北省和全国广播电视界还需要更多的像上海电视台文艺节目主持人叶惠贤那样的深受群众欢迎和喜爱的播音员、主持人，而他在主持节目时特别是即兴主持中所表现出来的潇洒、机智、突出的才能和过人的天赋，并不因为他生下来就是天才，而是因为他对自己的工作充满自信，而"自信源于充实，充实源于积累"，他被誉为"荧屏智多星""江南第一脱口秀"。

（三）要采取切实有力的措施来提高新闻媒体的管理水平

主要的措施如：

（1）进一步完善新闻媒体关于提高播音水平、广播电视节目质量的规章制度，如建立和完善对广播节目的监督、评议制度，实行差错通报制度和严格的奖惩制度等，通过严格的制度来促使播音水平、节目质量不断提高。

（2）把好人员入口关，坚持播音员、主持人持证上岗制度。四川省广电局明确提出："持证才能张嘴，无证免开尊口"。并以"持证上岗"的要求为契机，通过抓播音员、主持人的业务培训、普通话测试、考核上岗等工作，在播音员、主持人队伍中营造一种较为浓厚的学习风气，使队伍建设和管理工作上了一个新台阶。这些经验都是值得借鉴和学习的。

（3）进一步加强对推广普通话的宣传力度，形成正确的舆论导向。要加强宣传教育的针对性，如对"方言优越论""'推普'是要消灭方言"之类的糊涂认识要加以澄清。特别是每年9月举行的"全国'推普'宣传周"，要投入较多的人力、财力、物力，通过丰富多彩的活动大力宣传推广普通话，每年的宣传教育活动要抓住重点、突出特点，使宣传教育活动更加深入人心，并且更有成效地帮助群众增强使用语言的规范意识、法律意识。

（4）要更好地发挥新闻媒体的优势，采取多种形式向全社会积极开展推广和普及普通话的活动。如利用媒体在播音人才方面的优势，积极为社会各界推广普通话提供培训、教学、指导、配音等方面的服务，给全省播音员、主持人普通话水平测试培训班和社会各界的普通话培训班讲课、进行辅导等。又比如举行普通话朗诵比赛、演讲比赛、辩论赛，交流推广普通话的经验等等，通过举办这些活动使社会各界的普通话水平不断提高。

这些年来，随着广播电视事业的迅速发展，广播电视已经遍布祖国的四面八方，进入了城市和乡村千百万个寻常百姓的家庭。如果我们从中央到地方的有声语言新闻媒体都能在现有成绩的基础上，进一步从各方面大力加强推广普通话的工作，就必将有力地推动我国的"推普"事业更快更好地实现预期的奋斗目标：在21世纪中叶以前，在全国范围内普及普通话，语言文字规范化、标准化的水平将得到显著的提高。

第六节　坚持在推广普通话中发挥播音主持示范作用

推广普通话、促进汉语规范化是我国新时代语言文字工作的首要任务，它对促进祖国统一、增进民族团结、实现科技进步、提高国民素质都有着积极的现实意义。推广普通话是全民的事业，是我国各条战线、各个行业共同的任务，也是新闻媒体发挥示范普及作用不可推卸的社会责任。在实现国家提出的新世纪初"普通话初步普及"的目标任务中，广播电视由于其有声语言的传播特性，作为"对全社会影响最大的现代化有声传播媒介"，其播音员主持人用语的表率与榜样作用更是其他行业不可替代的、非常重要的。

一、在推广普通话中发挥示范作用是国家赋予的神圣使命

首先，它是国家有关法律法规所要求的。《国家通用语言文字法》第十二条规定："广播电台、电视台以普通话为基本的播音用语。"国家语言文字工作委员会和广播电影电视总局颁发的《关于广播、电影、电视正确使用语言文字的若干规定》也指出："广播、电影、电视使用普通话时要合乎规范，应当避免读音差错。"因此，广播电台、电视台的播音员、主持人作为有声媒体用语的主要人员，在使用普通话时就应严格规范，力求标准。早在性新中国成立初期，周恩来总理就指出：广播电台肩负着推广普通话的责任，播音员具有语言示范作用，是听众学说普通话不见面的老师。1992年10月23日，国家语委在《关于当前语言文字工作的请示》中又明确提出了"广播、电视、电影、话剧以及音像制品等在使用上具有很强的示范作用，必须使用标准的普通话"。1997年12月23日，李岚清副总理代表党中央、国务院在全国语言文字工作会议上的书面讲话中指出："要发挥新闻出版、广播、影视等媒体的示范普及作用。……必须继续执行国家语言文字各项规范和标准，在用语用字方面真正成为全社会的榜样。"在当前的社会生活中，人们学习普通话已有了多种途径，例如语文课教学、专门的培训班、录音录像教学制品、各类语言学校等。但听广播、看电视跟着播音员主持人模仿着学则仍是人们学习普通话的主要方式，播音员、主持人们是听众和观众学说

普通话"不见面的老师"。

其次，它是播音员主持人特殊岗位的职业要求。

在推广普通话中发挥示范作用也是播音员主持人的岗位职责。近期国家广电总局颁布的《广播电视播音员主持人职业道德规范》专门就播音员主持人的语言规范做了规定，要求在广播电视节目中使用标准规范的普通话，并且要自觉地在推广普通话中发挥示范作用。2005 年 8 月颁布的《中国广播电视播音员主持人自律公约》第九条规定："以推广普及普通话、规范使用通用语言文字、维护祖国语言和文字的纯洁性为己任，自觉发挥示范作用。"第十条规定："除特殊需要外，一律使用普通话，不模仿地域音及其他表达方式，不使用对规范语言有损害的口音、语调、粗俗语言、俚语、行话，不在普通话中夹杂不必要的外语，不模仿港台话及其他表达方式。"第十一条规定："不断加强语文修养，用词造句要遵守现代汉语的语法规则，语序合理，修辞恰当，不滥用方言词语、文言词语、简称略语或生造词语。"第十二条还规定："力求语言、语调、语音的表达形式与表达内容的一致性。表达要通俗易懂、准确生动、富有内涵、朴素大方，避免艰涩、易生歧义的语言和刻意煽情夸张的表达方式。"

20 世纪 50 年代，人们对普通话的水准要求并不高，学习普通话多是由于工作需要及个人的爱好，南方人也基本上把北方话当作普通话来学。那时期从中央到地方的许多老播音员都带有较明显的北方方言色彩。80 年代中期以前湖北电台也多是从北京地区招收播音员。

20 世纪 90 年代初期后随着改革开放的逐步深入，人们日益感到普通话在交际交流及流通领域的重要性，青年人学习普通话的热情空前高涨，并且由于计算机的普及以及通讯科技事业的发展，如汉语拼音输入法、语音感应系统的应用、手机短信的使用等，对普通话语音要求的提升使人们对普通话水平的要求也越来越高。因此，国家对专业播音员主持人的普通话等级要求是必须达到一级甲等然后才能持证上岗。面对特殊的职业要求，1998年初，湖北省广电局开始进行普通话水平培训测试时，许多播音员主持人还不理解、想不通，认为自己既然能在广电部门的岗位上工作，普通话水平肯定很高，是当然的"示范教师"。可事实给大家敲响了警钟：不经培训的普通话测试，一级甲等率还不到50%，许多骨干播音员对汉用拼音字母注普通话读音竟是错多对少。这些播音员主持人距离"示范教师"的要求相差甚远。后来通过学习文件和有关规章制度大家逐步认识到问题的重要性与严肃性，决心严于律己、勤学苦练、剔除痼疾、善为人师，为使广播语言更加纯正、更加完美，也为纯洁祖国语言做出贡献，很快我们的播音员、主持人队伍的整体水平达到了规范要求。到2004年夏天，我们湖北台114名播音员主持人普通话水平一级甲等率已达到了84%。

二、在推广普通话中发挥表率作用是播音员主持人的岗位职责

（一）在日常的播音主持工作中坚持使用标准的普通话，不为"时尚"所动

在经济全球化的今天，各国之间经济社会文化的综合国力竞争日趋激烈，社会的开放带来了文化的多元化，改变了人们定于一尊的文化观念，同时也产生了一种文化虚无主义的思潮。它反映到中国大陆语言应用上则表现为一种崇"洋"媚"外"的心态，港台腔、夹杂滥用外语等现象日益冲击着广播

电视媒体纯正的普通话形态，十分令人担忧。因此，我们从强调民族自尊、建构民族精神、提倡民族伟大复兴意识的高度一贯坚持有声媒体用语的规范化、标准化。

在"推普"工作中发挥表率作用是播音员主持人的岗位职责，而播音员主持人的表率作用更多地是体现在日常节目播出工作中的。多年来，我们坚持在新闻播音、现场报道、专题节目中使用标准的普通话。在湖北省优秀播音与主持作品评比中，湖北电台已连续 15 年名列前茅，我们还获得了 1997 年、1998 年和 2003 年度 3 届中国播音与主持作品政府奖一等奖及 2003 年度金话筒奖。这些播音主持作品从体裁上讲既有与中央台联合向全世界直播的现场大型报道《长江三峡大江截流仪式》，又有 1998 抗洪期间直播室与现场连线播出的大型专题报道《三军荆楚战洪魔》，还有倍受青年学生欢迎的文学专题《徐志摩留在康桥的爱情故事》及新闻类主持人节目。不论是大型新闻报道热情昂扬、字正腔圆的播报类，还是文学节目娓娓道来、耐人寻味的口语化以及主持人节目灵活自然、即兴互动的交流形态，我们在准确鲜明生动地传达出稿件的精神实质和传情达意的同时，也不失普通话的规范与纯正，收到了很好的传播效果。并不像某些人所认为的标准的普通话不宜表达亲切细腻的情感。近些年湖北电台之所以屡获播音主持作品最高奖，一方面是创作人员的努力，还有一个重要原因就是在台内评审上报的时候坚持严把质量关，其中也包括严把语音关。例如有些节目总体上还不错，但出现个别错误读音。

（二）坚持听评制度，力纠不正确发音

语言学家刘照雄先生曾说过："普通话水平测试工作的开展将有力地提高全社会的语言规范化意识，有效地促进语言的规范化、标准化，也是对在岗的演播人员和即将走上这些岗位人员的督促和帮助。越是有了一定知名度，较有影响的演播人员越应该留意语言规范化问题，以避免对听众、观众造成不好的影响和个人声望的损失。"广播电台、电视台的播音员、主持人虽身为语音示范的"教师"，但不一定是"绝对正确"，有时也可能发生读音错误。此外，对多音字、儿化韵、轻声的掌握也有不到位的现象，如把"国家森林公园"读成"国家森林公园儿"，"邻居"说成"邻居儿"等。为此，湖北电台成立了专门的专家听评组，还聘请了部分离退休老同志为听评员，对节目播出质量及播音质量进行监督评议，并成立了"湖北人民广播电台语言文字工作领导小组"，建立了切实可行的规章制度，下发了《关于认真贯彻落实〈国家通用语言文字法〉的通知》。这个通知的第八条规定："本台中播一套节目及各系列频道的所有自办节目，必须以普通话为播音和节目主持用语（戏曲、曲艺节目除外）。播音员普通话水平均须达到一级甲等；主持人主持节目时普通话水平也要求达到一级甲等。对错读错播字的人员给予扣除50~100元的处罚。"

（三）以测促训，集中进行语音强化训练

自1996年湖北省开展普通话水平测试后，1998年初湖北省广电局也开始了对全省专业播音员、主持人普通话水平的培训测试及持证上岗工作。我们湖北电台不仅抽调专业骨干参加对全省系统内人员的培训测试，还借测试的东风，以测促训，分期分批地对本台100多名在岗播音员、主持人进行了

强化集训,大家通过学习认识到了自身的某些不足,增强了提高普通话水平的自觉性,许多人都说不学不知道,一学吓一跳,测出了差距,学出了信心,一定要在工作中坚持高标准严要求。

湖北电台现有1个中波台、5个调频台,现有播音员、主持人130多人。最近四年,总台每年都组织一期包括语音培训在内的业务培训班,并进行结业考试,对成绩优秀者台里还给予奖励。各系列频道也把语言文字工作及普通话培训纳入本单位的业务管理工作内容,各频道总监制不仅在思想上重视,在组织上也周密部署,如:经济频道99.8Mhz每月听评末位淘汰已经形成制度,音乐频道103.8Mhz也坚持每月一次的包括广告创意制作在内的节目听评会,促使各频道节目内容不断有新的突破,节目质量也不断有了新的提高。

三、在推广普通话中发挥带头作用是不可推卸的社会责任

语言文字是文化的重要载体,是凝聚民族精神的重要力量,是发展先进文化的基础性环节,是社会生活的重要交际工具。在实践中我们认识到,作为语言应用工作者推广普通话不是一种无立场的作秀,而应该有一种自觉的历史责任感,去承担一项不可推卸的社会责任。

湖北电台《关于认真贯彻落实〈国家通用语言文字法〉的通知》第九条规定积极配合和协助省内各级语言文字工作机构的工作。组织、举办社会性推广普通话活动。积极为社会各界推广普通话、规范使用汉字提供培训、教学、主持、配音等示范推广服务。湖北电台在对内狠抓培训的基础上,也非常重视对外为社会推广普通话的工作。早在1985年湖北省语言文字工作者协会

成立之初，陈达时、刘静等就加入了理事会，参加过省语委和省协会组织的各项"推普"活动。"普通话大奖赛"则是湖北电台十几年一直坚持开展的主要"推普"项目，目前已经举办了十二届。目的就在于向全社会推广普通话、提高大众的普通话朗诵水平，并发现普通话优秀人才。每届参赛人员来自各行各业，既有学生、工人、农民、解放军官兵，也有企业界、金融界、教育界人士，还有残障朋友，年龄最大的有 70 岁，最小的只有 4 岁。我们组队参加国家语委举办的全国普通话朗诵大赛，曾两次获得第五名的好成绩，在中南六省区名列第一。2002~2005 年面向社会开办了近 20 期普通话培训班。湖北电台还派出业务骨干积极参加省语委及社会各行业举行的普通话比赛，担任各级各类普通话朗诵赛、演讲赛、辩论。

由于广播电视主持人队伍发展迅猛，专业培训任务也较为繁重。我们还发挥省级媒体的业务优势为咸宁、嘉鱼、汉川、宜昌、孝感、荆门、云梦、十堰等市县级广播电视台专业人员进行语言培训，也为湖北电视台、湖北经济电视台、湖北有线电视台作语言课讲座，除此之外，湖北电台的播音员为积极参加社会"推普"活动，应邀到厂矿企业、大专院校、商场宾馆、汽车客运站、列车客运段、寻呼台、银行系统、长航系统、新华书店系统等部门培训、讲授普通话，都获得了社会的广泛好评。2003 年湖北电台播音组被评为湖北省语言文字工作先进单位、湖北电台播音指导刘静被评为湖北省语言文字工作先进个人。

总之，新闻媒体社会影响大，是一个国家语言文字应用水平的主要标志之一，也是一个国家语言风貌的重要体现。发挥有声媒体的示范作用将对社会成员正确运用语言文字产生潜移默化的作用，对形成说普通话、用规范字的社会风气具有举足轻重的影响。因此有声媒体的播音员、主持人在推广普通话的过程中应该模范地执行国家语言文字的方针政策，努力使自己成为语言文字规范化的积极的宣传者和实践者，真正对广大听众和观众起到示范作用。

第三章 新闻媒体视角推广普通话的三项基本措施

当前国家推广普通话的基本思路是：以城市为中心，以学校为基础，以党政机关为龙头，以新闻媒体为榜样，以公共服务行业为窗口，带动全社会推广普及普通话。按照这个思路而采取的基本措施有三：实行目标管理、量化评估，开展普通话水平测试，开展全国推广普通话宣传周活动。

第一节 当前推广普通话工作的背景

为适应改革开放和社会发展的需要，1986年全国语言文字工作会议将大力推广、积极普及普通话列为新时代语言文字工作的首要任务。90年代初，国家语委将"推普"工作方针由50年代确定的"大力提倡、重点推行、逐步普及"调整为"大力推行、积极普及、逐步提高"，在强化政府行为，扩大普及范围的同时，提高全民普通话应用水平方面提出了更高的要求。1982年，"国家推广全国通用的普通话"载入《中华人民共和国宪法》，使推广普通话在国家根本大法中取得"基本国策"的地位。随后，将推广普通话的要求又陆续写进《民族区域自治法》《义务教育法》《教育法》《幼儿园管理条例》《扫除文盲工作条例》《民族乡行政工作条例》《广播电视管理条例》《教师资格条例实施办法》等法律法规，许多省市制定了推广普通话的地方性法规和行政规章，使得"推普"工作在许多方面具备了法律依据，推广普通话的行政力度日益加强。特别是 2000 年 10 月 31 日第九届全国人大常委会第十八次会议通过并于新世纪第一天起施行的《中华人民共和国国家通用语言文字法》，更是史无前例地规定了普通话作为国家通用语言的法定地位，并对公民学习和使用普通话的权利和推广普通话的主要领域、主要对象、基本要求等做出明确规定。对于广大"推普"工作者来说，《国家通用语言文字法》的颁布施行是值得万分欣喜的大事。在推广普通话的历史上，这是与国务院 1956 年发出《关于推广普通话的指示》、1982 年《宪法》载入"推普"条文相提并论的第三个重要的里程碑。

改革开放和市场经济的迅速发展为推广普通话提供了强大的客观推动力。商品大流通、信息大交流，人才和劳动力大流动，从语言应用的角度看则是各地方言的大交流、大碰撞、大渗透、大融合，其结果必然是"水流千遭归大海"，大家都不得不服从中华民族的共同语即普通话。在改革开放和市场经济大潮推动下，推广普及全国通用的普通话成为普遍而紧迫的社会需求。1992 年邓小平南方谈话和中共十四大关于建立社会主义市场经济体制的决策，给推广普通话带来了真正的大好时机（邓小平南方谈话时曾多次对广东推广普通话不力提出批评）。此后，人事部与教育部、国家语委联合发出《关于开展国家公务员普通话培训的通知》，铁道部、中央金融工委、国家邮政局、工业和信息化部、文化部、建设部等行业主管部门和各级政府机关纷纷对干部员工提出公务用语和服务用语要使用普通话的要求，一些省市的旅游、医护等公共服务行业也开展起员工普通话水平测试。在改革开放程度较高和市场经济活跃的城市和乡镇，普通话已同当地方言并列成为当地的通用语言。

义务教育的高度普及，使得青少年一代的普通话能力大为提高，以致一些城市的"有识之士"大声疾呼要保护方言了。

高新科学技术的迅速发展也给推广普通话注入了勃勃生机。广播、电视、电话的高度普及，使得人们收听普通话和使用普通话的机会大为增加。近年来，手机短信、个人电脑的汉字信息处理已经成为亿万人的日常生活组成部分。人们在进行汉字输入时，绝大多数选用汉语拼音输入法，例如在普通话推广难度最大的珠江三角洲地区的 140 名大中小学生的问卷调查表明，其中 138 名学生是习惯使用汉语拼音输入法的，这个比例竟然高达 98.6%。汉语拼音输入法使得汉字信息处理成为无声普通话，由于拼写必须准确，这种无声普通话对于声韵母准确程度的要求甚至远远高出对有声普通话的要求。

改革开放和市场经济的发展以及高新科学技术的普及，促使广大公民的语言观念迅速转变。在普通话大举南下的形势下，原来部分广东人的方言优越感大大淡化，80 年代末、90 年代初一度甚嚣尘上的"粤语北上论"悄然消退。广州一位商场营业员说："过去不爱说普通话，是因为跟面子联系在一起，现在愿意说普通话，是因为跟票子联系在一起。"在改革开放和市场经济大潮冲击下，北方和西部的人们也逐渐体会到要改革开放就要说普通话。方言与"封闭、保守、小农经济"等概念相联系，普通话与"开放、知识、信息时代"等概念相联系，这样的观念逐步为广大干部群众所接受。人们在使用普通话的过程中逐渐发现和认同了普通话的实用价值、文化价值和审美价值。如今的人们（包括粤闽方言区的原住民）都普遍认为，能说标准流畅的普通话是文化素养较高的标志，标准流畅的普通话给人以美的听觉享受。广大青少年以此为追求而努力学习普通话。

90 年代以来，一方面，改革开放、市场经济和科学技术的发展急切呼唤推广普及普通话。另一方面，人们的语言规范意识和使用普通话的需求在增长，却面临学习普通话的若干困难。这就是当前推广普通话面临的新形势。在这样的新形势下，推广普通话工作必须以"解放思想、实事求是"的思想路线作指导，审时度势，正确引导，并采取有效措施进行推动和扶助，切不可因动作不力而拖国家现代化进程的后腿。

90 年代初国家语委曾确定"到 2000 年全国实现普通话成为第四用语"的目标。事实上未能完全实现。究其原因，一是那时的"推普"工作缺少法律规定和法治保障；二是改革开放和市场经济尚未发展到后来这样广泛和深入，普通话的社会需求尚不迫切；三是当时语言文字工作的机构和队伍很不健全；四是那时的"推普"工作重点仅在部分学校而不是像今天这样全社会全方位推进；五是缺少如今这样的有力推动措施。

1997 年全国语言文字工作会议确定了新世纪推广普及普通话的宏伟目标，即：2010 年以前，普通话在全国范围内初步普及，交际中的方言隔阂基本消除，受过中等或中等以上教育的公民应具备普通话的应用能力，并在必要的场合自觉地使用普通话，与口语表达关系密切行业的工作人员，其普通话水平达到相应的要求；21 世纪中叶以前，普通话在全国范围内普及，交际中没有方言隔阂。会议将"坚持普通话的法定地位，大力推广普通话"列在当前语言文字工作主要任务的第一项，对学校、党政机关、有声传媒和公共服务行业的推广普通话工作提出了基本要求。

1998 年 3 月，国家语言文字工作委员会并入教育部，教育部成为主管全国教育事业和语言文字工作的国务院组成部门，并内设语言文字应用管理司和语言文字信息管理司。随后，各省、自治区、直辖市和绝大部分省会城市、计划单列市和省辖市的教育行政部门都在内设机构中设置语言文字工作处并配备专兼职干部。与此同时，各省、自治区、直辖市的普通话培训测试中心也相继建立。这样，语言文字工作的机构建设和行政力度得到大大加强。由于采取了目标管理、量化评估，普通话水平测试和全国推广普通话宣传周这样三项基本措施，使得推广普通话工作在近几年内得到了长足进展。

第二节　目标管理、量化评估

目标管理、量化评估是 20 世纪 90 年代初期兴起的对学校、机关、行业乃至城市和地区的专项工作或综合性工作的一种管理方法。具体到语言文字工作，就是对一所学校或一个城市（市、区、县）的推广来普及普通话和语言文字规范化工作提出基本目标和达标时限，届时以事先公布的评估标准进行检查和评估，并宣布其是否达标。

教育部和国家语委对语言文字工作实行目标管理、量化评估，始于 90 年代初对师范院校普及普通话工作的检查评估。1987 年，国家教委、国家语委对中等和高等师范院校的普及普通话工作提出 3~5 年内实现普通话成为教学用语和集体活动用语的目标。1991 年起，各省、自治区、直辖市分别制定评估标准对所有中等师范学校和师范专科学校进行检查评估，有 22 个省、自治区对本科师范院校也进行了检查评估。1992 年 3 月 ~1993 年 11 月，国家教委、国家语委依据事先公布的评估标准对全国师范院校的普及普通话工作进行抽查，共抽查 29 个省、自治区、直辖市的中等师范学校 60 所和师范专科学校 52 所。检查结果表明，师范院校普及普通话工作已经取得阶段性重大进展，在"推普"工作制度化、规范化、科学化方面成绩显著。实践证明，"目标管理、量化评估"的管理方法是可行的、有效的，也是基层单位愿意接受的。此后，国家教委、国家语委连续印发《师范院校普及普通话工作（第二阶段）评估指导标准》《城镇中小学普及普通话工作评估指导标准》《职业中学普及普通话工作评估指导标准》，初步建立起面对学校的普及普通话工作评估指标体系。

学校普及普通话工作的评估指标体系由 3 项指标组成：指标 A 是"组织管理工作"，其中包括"组织机构，宣传环境，资料档案，奖罚制度，语文教学，普通话口语实践，教师普通话培训"等评估要素；指标 B 是"教职员普通话水平和使用情况"，其中包括"语文教师普通话水平，其他教师普通话水平，非教学人员普通话水平，教学、集体活动、工作用语，教职员与学生交谈用语，教职员之间交谈用语"等评估要素；指标是"学生普通话水平和使用情况"，其中包括"毕业班普通话水平，毕业班汉语拼音水平，教学和集体活动用语，学生同教职员交谈用语，学生之间交谈用语"等评估要素。指标 A、B、C 的评分权重分别是 0.25、0.35、0.40；每个评估要素都规定得分权重和达到满分的工作状况。所有评估要素满分为 100 分，合计得分 90 分为"优秀"，80 分为"良好"，70 分为"合格"，不足 70 分为"不合格"，凡在教学和集体活动中有一例不使用普通话的，该校评估成绩即为"不合格"。

进入新世纪后，目标管理、量化评估这一有效的督促管理方法，从面向一所学校（最多面向一个区县的一类学校）扩大到面向一个城市，包括城市的学校、党政机关、新闻媒体和公共服务行业，其评估内容也从单项的普及普通话工作扩大到普及普通话和汉字社会应用规范化。

1995 年，李岚清同志提出"部分城市和经济发达地区要率先普及普通话"的要求。1997 年全国语言文字工作会议将此要求列为当前语言文字工作的主要任务之一。从推广普通话的历史进程看，提出以城市为范围普及普通话的目标是推广普通话工作的重大飞跃，是全国普及普通话历史进程的阶段性标志之一。

城市是人口集中、工商业发达、居民以非农业人口为主的地区，通常是周围地区的政治、经济、文化中心。城市的性质和地位决定了城市在交通、通信、金融、商业、科技、教育、体育、卫生等诸多方面对于周边地区具有轴心辐射作用和示范导向作用。这种作用随着城市规模的扩大而扩大，县城也如此，上到省会乃至直辖市则更加突出。普及民族共同语（国家通用语言）是国家走向工业化、信息化的必由之路，城市普及民族共同语是全国普及民族共同语的必然先导。在我国，全国普及普通话必然要经历从以往重点抓城市某些部门的普及扩展到城市的普及，进而以城市普及带动全国普及的历史过程。

早在 1990 年，国家语委就在上海召开过城市普及普通话工作经验交流会。1998 年 12 月，教育部、国家语委再次在上海召开"城市语言文字工作观摩研讨会"，全国各省、自治区、直辖市语委办干部观摩了上海市的语言文字工作，并对今后一个时期的语言文字工作目标、任务和措施进行了研讨。次年 2 月，教育部、国家语委发出《关于进一步发挥城市的中心作用，全面推进语言文字工作的意见》，重申城市语言文字工作的目标、工作重点，明确要逐步实施城市语言文字工作综合评估以及达标的时间要求。2000 年 2 月，教育部、国家语委印发《一类城市语言文字工作评估标准（试行）》，教育部语用司印发《一类城市语言文字工作评估标准（试行）实施细则》。2001年9月，教育部、国家语委对开展城市语言文字工作评估提出具体实施步骤。

当前城市语言文字工作的目标是：2010年以前实现普通话初步普及，汉字的社会应用基本规范。

初步普及普通话，就是做到交际中的方言隔阂基本消除，受过中等或中等以上教育的公民具备普通话应用能力，并在必要的场合自觉地使用普通话。要使普通话成为学校的教学语言、校园语言，成为社会各行业的主要工作用语和服务用语。对语言应用有特殊要求的岗位人员应当达到相应的普通话等级，其中对教师和广电系统的播音员、节目主持人要逐步实行持普通话等级证书上岗制度。党政机关公务人员，解放军和武警指战员，商业、邮政、电信、文化、铁环、交通、民航、旅游、银行、保险、医院等主要服务性行业从业人员，至少应该达到普通话三级水平，以口语表达直接面向社会公众服务的员工（如站、场、车播音员等）应该达到普通话二级以上水平。

汉字的社会应用基本规范，就是要认真执行国家现行的文字政策和文字应用管理的法规规章和规范标准，使社会主要领域的用字符合国家及主管部门的规定。要重点规范出版物用字、影视屏幕用字和计算机用字，堵源截流，标本兼治。党政机关、学校要带头使用规范汉字。公共场所的标牌、宣传标语和广告要文字规范、字形完整。手书招牌用了繁体字的，必须在醒目位置，配放规范字的标牌。编辑、记者、校对人员和影视中文字幕机操作人员要把学习文字规范知识、提高文字应用规范水平作为业务进修的常规内容，逐步做到持证上岗。

　　教育部、国家语委印发的《一类城市语言文字工作评估标准（试行）》有 3 个评估项目，即 A. 综合管理（60 分），包括组织领导、管理措施、法制建设、宣传工作等 5 个评估要素；B. 普及普通话（100 分），包括党政机关、广播电视、学校、公共服务行业等 4 个领域的推广普通话工作情况的评估要素；C. 社会用字管理（100 分），包括党政机关、学校、出版物、影视屏幕、公共服务行业和公共设施等 5 个方面的用字管理情况的评估要素。评估满分为 260 分。总得分率和 3 个评估项目的得分率均达到 70%，该城市语言文字工作评估结论为合格。二类城市和三类城市的评估标准由省级语委参照一类城市的评估标准制定。

　　城市语言文字工作达标的总体要求时间为 2010 年以前。鉴于城市的数量、类型、条件和语言文字工作基础的不同，教育部、国家语委将城市划分为三类，分层次分阶段地推进。"一类城市"为直辖市、省会、自治区首府、计划单列市，要求在 2003 年左右达标；"二类城市"为省辖市、地区（州、盟行署所在城市），要求在 2005 年左右达标；"三类城市"为县级市和县（旗）政府所在城镇，要求 2010 年以前达标。各省、自治区、直辖市可根据实际情况确定各城市达标的具体时限，但是总达标时间应当在 2010 年以前。

　　2001 年 9 月，黑龙江省省会哈尔滨市通过了省语委的检查评估，成为全国第一个语言文字工作达标的一类城市。教育部、国家语委在哈尔滨市召开了全国性的观摩会。目前，北京、南京、乌鲁木齐、合肥、长沙、石家庄、上海、沈阳、昆明、武汉、福州陆续通过评估，宣布实现"普通话初步普及，汉字的社会应用基本规范"的世纪初目标。其中北京、上海两直辖市的检查评估由教育部、国家语委直接组织进行。天津、重庆、广州、太原、济南、银川等其他一类城市的检查评估也将在 2004 年内陆续进行。一些省份对二类城市的检查评估也已经启动。

教育部、国家语委强调城市语言文字工作评估不是语言文字工作的最终目的，而是推进语言文字工作的重要手段。各地在推进城市评估工作时要重在过程、重在建设、重在实效，用城市评估这条线索把学校、党政机关、新闻媒体、公共服务行业这 4 大领域的推广普通话和语言文字规范化工作串联起来，整合起来，使全社会广泛知晓《国家通用语言文字法》，积极参与语言文字工作，为提高全民语言文字素质和营造良好的语言文字社会应用环境而共同努力。事实证明，通过筹备和接受检查评估，城市的 4 大领域，从市、区政府到各部、委、办、局，从小学、幼儿园到高等学校，从新闻媒体到社会"窗口"行业，语言文字工作基础建设得到极大的加强，推广普通话和语言文字规范化工作收到显著实效，干部群众的语言规范意识显著增强，接受普通话培训测试的教师、公务员和公共服务行业员工越来越多，社会用字规范率大大提高。

制定普及普通话工作评估标准遵循 5 条原则：一是遵循动态性原则，以做到总结性评估与形成性评估相结合并以形成性评估为主；二是遵循主体性原则，把他人评估同自我评估结合起来，重在形成性自我评估；三是遵循方向性原则，在基本方向确定的前提下，许可各省、自治区、直辖市有对指标和评估要素的权重赋值进行一定调整的权限，以真正发挥评估标准对工作的指导作用；四是遵循科学性原则，把定量统计与定性分析结合起来，避免评估绝对化；五是遵循整体性原则，不能把普及普通话游离于日常业务工作之外，普及普通话本身也具有不可分割性，不能畸轻畸重。

实践证明，对普及普通话工作实行目标管理、量化评估，具有重要意义：

其一，把以往各地各单位按照对上级文件的概述性要求不相同的理解来开展工作的状况引导到制度化、规范化、科学化的轨道，从而克服了某些盲目性和随意性，有利于受检单位调整工作部署和把握工作重点；

其二，把工作过程和工作成果分解成评估要案并赋以权重分值，便于掌握工作进展，及时调控；

其三，由于标准提前与受检单位见面，受检单位可以按照标准加强形成性评估，主动向优级标准靠拢，在一定程度上摆脱被动地位，增强工作的主动性和接受检查评估的心理承受能力。

学校是普及普通话的基本阵地。党政机关、公共服务行业等社会性"推普"工作只能解决当即的普通话应用问题，只有持久地抓好学校（特别是基础教育）的普及普通话工作，才能从长远和根本上解决全社会的普及普通话问题，为此，教育部、国家语委于 2004 年发出《关于开展语言文字规范化示范校活动的意见》，要求各地普遍做好学校普及普通话工作，推出一批实现普通话校园语言和语言文字规范化的城乡示范学堂，以带动更多的学校做好普及普通话工作。目前正在全国试行的《中小学语文课程标准》将"口语交际能力"与"识字、阅读、写作"并列为四大教学内容，加强了普通话口语的教学与训练，教育部语言文字应用管理司正在组织力量研制《中小学生口语交际能力考查标准》，以期有助于中小学的普通话口语教学与训练。

第三节　普通话水平测试

普通话水平测试发布于 1986 年全国语言文字工作会议。会议提出将普通话水平分为三级的设想：第一级是会说相当标准的普通话，语音、词汇、语法很少差错；第二级是会说比较标准的普通话，方言不太重，词汇、语法较少错误；第三级是会说一般水平的普通话，不同方言区的人能够听得懂。1988 年底，国家语委组成课题组开始研制普通话水平测试等级标准。该课题 1991 年通过专家论证，1992 年由国家语委普通话推广司印发各地实行，1997 年国家语委正式印发全国，定名为《普通话水平测试等级标准（试行）》（以下简称《标准》）。《标准》将普通话水平划分为三个级别，每个级别内划分为甲乙两个等次。测试满分为 100 分，对应等级为：

100 分 ≥ 一级甲等 ≥97 分　97 分＞一级乙等 ≥92 分

92 分＞二级甲等 ≥87 分　　87 分＞二级乙等 ≥80 分

80 分＞三级甲等 ≥70 分　　70 分＞三级乙等 ≥60 分

测试内容分为五部分：①朗读单音节字词 100 个；②朗读双音节词语 50 个；③朗读短文 400 字；④方言与普通话的语法、表达方式分辨；⑤现场抽取题目，按题说话。前四项考查受测人有文字凭借时的普通话规范程度，第五项考查受测人无文字凭借时的普通话规范程度和流畅程度。每项测试内容均有时间限制。

一级普通话可称作标准的普通话，二级普通话可称作比较标准的普通话，三级普通话可称作一般水平的普通话。《标准》对每个等级的普通话有技术性的描述。

1994年10月，国家语言文字工作委员会、国家教育委员会、广播电影电视部联合发出《关于开展普通话水平测试工作的决定》（国语〔1994〕43号），正式启动了普通话水平测试工作。10年来，普通话水平测试初具规模，成绩优秀。目前除西藏外，其余30个省、自治区、直辖市以及港澳地区均普遍开展起测试工作。截至2003年底，有24个省、自治区、直辖市建立了普通话培训测试中心，全国共建立地市级测试站和高校、行业测试站825个，初步形成覆盖全国的测试工作网络。截至2003年底，全国有1181万人次接受测试，其中教师约735万，学生约397万，播音员、节目主持人约2.6万，国家公务员约24万，公共服务行业约22万。普通话水平测试在港澳地区也得到广泛认可，在国家语委帮助下，港澳地区已建起6家普通话培训测试机构，拥有测试员50多名，接受国家语委测试的公务员、教师等各界人士已达2万多人次。

为保证测试工作规范化，1994年10月国家语委启动测试工作时就制定了《普通话水平测试实施办法》，随后又制定了《关于普通话水平测试管理工作的若干规定（试行）》。各省、自治区、直辖市也制定了许多相应的地方规章、制度、规程。普通话水平测试写进《国家通用语言文字法》后，2003年《普通话水平测试管理规定》以部门规章规格公布，教育部、国家语委正式印发了《普通话水平测试大纲》，教育部语言文字应用管理司印发了《普通话水平测试工作评估指导标准》和《普通话水平测试规程》，财政部和国家发改委批准普通话水平测试收费立项并审核了收费标准。连同早已颁布的《普通话水平测试等级标准》，普通话水平测试工作必需的规章和基础性文件已经齐全，为普通话水平测试进一步拓展工作局面和健康发展提供了完备的基础。

质量是测试工作的生命线。10 年来，测试的质量总的来说是可靠的，信得过的。测试管理始终坚持统一标准、统一大纲、统一规程、统一证书，严密组织培训，严明考试纪律，严格质量监督，严肃证书管理，严防不正之风，坚决处理任何损害测试声誉的不良行为，确保了测试质量稳定，使得这样一种覆盖全国、涉及许多部门行业、数以万计工作人员参与、应试人员超过千万人次而且延续了 10 年的考试，赢得了全社会包括港澳地区和海外的普遍认可和赞誉。

10 年来，测试的范围从最初面向师范院校师生逐渐拓展到各级各类学校和幼儿园的教师以及与口语表达密切相关专业的大中专学生，从教育系统和广播电视系统逐渐拓展到党政机关和铁路、金融、邮政、旅游、交通、商业、卫生等公共服务行业，从内地逐渐拓展到港澳地区并在海外产生一定影响，工作条件逐渐改善，测试设备不断更新，教材建设取得喜人成果，行政管理和业务管理的科学化水平不断提高，特别是信息化管理手段的更新，使得测试管理的档次迈上一个新的台阶。

普通话水平测试工作始终都是以科学研究为依据进行的。《普通话水平测试等级标准》和《普通话水平测试大纲》（刘照雄主编）、《普通话水平测试实施纲要》都是由国家语委组织的学术委员会和课题组经过多年论证研制的，具有很高的学术价值。不仅学术性文件如此，具有业务指导作用的重要行政文件也都是经过反复论证和实践检验出台的。10 年来，普通话水平测试得到语言学界和教育界的广泛关注。从高等学校的知名教授到中小学的普通教师，从专业研究人员到广大测试员，对普通话水平测试的科学研究都表现出极大的兴趣，并且取得丰硕的成果。

制定《普通话水平测试等级标准》并实施普通话水平测试，对于贯彻"大力推行、积极普及、逐步提高"的推广普通话工作方针至少具有两点重要意义：

第一，作为现代汉语标准形式的普通话，本身也终于有了科学的量化标准，这是现代汉语规范化进程中十分重要的学术成就。作为汉语标准语的口语等级考试，普通话水平测试是我国将应用语言学与教育测量学相结合的具有首创意义的考试形式，在世界各国的母语口语考试中也是罕见的。作为最高等级的一级甲等普通话为人们学习普通话提供了活的样本，普通话水平测试有利于防止"地方普通话"的凝固和"新方言"的产生，更使贯彻"推普"工作方针要求的"逐步提高"有了量化的准绳。10年来，普通话水平测试在标准、大纲、题库、管理和科研等方面不断完善、日趋成熟，是国家语言文字工作部门和语言工作者适应我国国情和社会发展需求，将科研成果与实际应用相结合的最好模范之一。

第二，有了普通话等级标准，便于对不同方言区和不同行业、不同岗位人员提出不同的普通话达标要求，使推广普通话工作拥有可供行政操作的有力措施，促成以普通话为工作用语的特定岗位人员持普通话等级证书上岗制度的实现。《教师资格条例实施办法》将普通话水平达标列入教师资格认定条件，国家广电总局将普通话水平达标列入播音员、节目主持人的上岗条件，人事部门对国家公务员提出普通话培训测试要求，铁路、邮政、信息产业、金融、文化、检察等系统对特定岗位人员提出了普通话水平达标要求，一些省市的教育部门、组织部门、旅游部门、卫生部门对大学生和其他特定岗位人员也开展了普通话培训测试。因此，普通话水平测试的实际价值远远超出了测定个人普通话水平的单纯意义，已经成为涉及各行各业和关系到千百万人民群众切身利益的社会事业。

普通话水平测试今后的主要任务，一是继续扩大测试范围，逐步将《国家通用语言文字法》规定的教师、播音员、节目主持人、影视话剧演员、国家机关工作人员，以及报考教师资格者、公务员资格者、师范专业和与口语表达密切相关专业的毕业生、公共服务行业直接面向社会服务的员工（如广播员、导游员、解说员、营业员等）都纳入测试范围；二是要大力加强测试管理，继续坚持"严密组织、严明纪律、严格管理、严肃监督、严防不正之风，统一标准、统一大纲、统一规程、统一证书"的管理原则；三是普通话水平测试本身也要不断改进和完善，例如应该进行"分等级开考、量化与定性相结合进行评分"的测试模式研究，以提高测试效率，降低测试成本；四是尽快提高管理的信息化水平，并加快测试自动化的科学研究。

第四节　全国推广普通话宣传周

1997 年 1 月 6 日，国务院第 134 次总理办公会议决定，从 1997 年起每年举行一次"全国推广普通话宣传周"活动。事实上，经过筹备，第一届"推普"周活动是在 1998 年 9 月第三周举办的。

1998 年 3 月 17 日，中共中央宣传部、国家教育委员会、广播电影电视部、国家语言文字工作委员会联合发出《关于开展全国推广普通话宣传周活动的通知》，规定开展"推普"周活动的宗旨是：通过多种形式的宣传活动，向全社会广泛宣传大力推广普通话对于社会主义现代化建设的必要性、迫切性，进一步提高广大干部群众的语言规范意识和"推普"参与意识，在全社会形成说普通话的风气，推动推广普通话工作向纵深发展。同时明确"推普"周活动由国家语委代领，中宣部、国家教委、广电部与国家语委合作组织。各省、自治区、直辖市的"推普"周活动由省级语委牵头，与宣传、教育、广播影视等部门共同组织开展。5月12日，国家语委向全国印发了《首届全国推广普通话宣传周宣传提纲》（以下简称《宣传提纲》）。《宣传提纲》包括推广普通话的意义、推广普通话的法律依据、推广普通话的方针和政策、当前推广普通话工作的思路和要求、跨世纪推广普通话的工作目标和基本措施等5部分内容。同时印发的《宣传口号》包括19条宣传推广普通话的口号。5月19日，在北京召开了首届全国推广普通话宣传周全国电话会议，全国31个省、自治区、直辖市均设分会场。全国人大常委会副委员长许嘉璐和中宣部副部长刘鹏在电话会议上就开展"推普"周活动的意义作了阐述，并对首届"推普"周活动的开展进行了部署。

从1999年起，全国推广普通话宣传周活动由中宣部、教育部、人事部、国家广电总局、解放军总政治部和国家语委联合主办，并成立了全国推广普通话宣传周领导小组。领导小组组长由教育部部长担任，有关部委主要领导担任领导小组成员。后来领导小组又增补了文化部和共青团中央，"推普"周活动也由这8部委共同主办。

1999年9月12日，中共中央政治局常委、国务院副总理李岚清为第二届"推普"周活动在《人民日报》发表了题为《大力推广普通话，促进语言文字规范化，为现代化建设营造良好的语言环境》的书面讲话。李岚清同志指出："当前，我国改革开放和社会主义现代化建设事业迅速发展，国际国内的交流日益增多，大力推广普通话已成为全社会的实际需要。开展推广普通话宣传周活动，加强宣传引导，使更多的人学习和掌握适用范围广泛的全国通用语言，是符合全国各族人民根本利益的。现代科学技术和社会主义市场经济的发展为普及普通话提供了良好的条件和机遇，从现在起到下世纪初叶，推广普通话工作应有大的进展。现在交通、通信便捷，又有广播电视等现代化传播媒体，经过努力，在全社会特别是在青少年中基本普及普通话是可以实现的"。

"推普"周活动至今已经开展 6 届，在扩大推广普通话工作影响，促使公民树立语言规范意识方面，取得了优秀的效果。截至目前，"推普"周活动的特点有以下几点：

（一）各级政府的重视程度逐年增加

"推普"周活动自开始就是在国务院领导下开展的。从第一届到第六届，主办部委由最初的 4 家部委增加到 8 家部委，各省、自治区、直辖市的相关委、厅、局也对相应增加。开展活动的城市由最初在省会开展发展到各省辖市乃至小城镇普遍开展。多数地方的党政领导同志积极出席推广普周活动，一些省长、市长、厅长、局长在"推普"周期间发表文章或电视讲话，亲自参加普通话水平测试，或者走上街头与参与"推普"周活动的群众亲密接触。四川省的省政府请省语委给每位省级领导配备 1 名国家级普通话水平测试员进行普通话辅导。山西省的副省长在大会上强调"不愿讲普通话就是封闭保守的表现"。从第四届"推普"周起，每届确定 3~4 个城市为重点城市（第四届是重庆、上海、广州；第五届是成都、南京、佛山；第六届是兰州、南宁、武汉、汕头；第七届是长沙、呼和浩特、合肥、茂名）作为媒体报道的重点，而每届"推普"周之前都有多个城市像争办奥运会一样争当重点城市。

（二）活动内容和形式逐年丰富

最初的"推普"周活动一般只有报纸发表评论员文章，电视播出公益广告，张贴宣传画，以及街头宣传咨询活动等。最近几届"推普"周活动的形式和内容越来越丰富，除了传统的宣传形式外，各地纷纷举办大型朗诵艺术欣赏会、教师、公务员和公共服务行业普通话大赛、小品和课本剧文艺会演、大型广场艺术展示、"推普"宣传画征集展览、"推普"歌曲征集和演唱、制作发行普通话朗诵音带光盘、"推普"手机短信有奖征集、印发"推普"宣传品、语言文字网站启动仪式、网站聘请专家和领导与网民现场交流等形式新颖、影响广泛的宣传活动。从第五届"推普"周起，中央电视台著名节目主持人王小丫应邀担任推广普通话形象大使，连续3届以王小丫清纯美丽的形象设计的宣传画受到广泛欢迎。

（三）社会各界参与逐年扩大，社会支持逐年增多

国家拨付的"推普"周经费是有限的，全国"推普"周领导小组办公室每年也只有40万元经费。近几年来，越来越多的社会企业和报纸、电台、电视台、出版社、网站愿意为"推普"周活动出资出力，赞助设计和印制招贴画等宣传品，制作公益广告，举办大型活动，或者为"推普"周活动出谋划策（例如聘请王小丫推广普通话形象大使就是一家广告公司提出的建议）。

总之，全国推广普通话宣传周经历六七届活动之后，特别是《国家通用语言文字法》颁布施行以来，普通话的社会声誉越来越好，推广普通话工作

面临的形势越来越好，推广普通话的社会舆论越来越好。"推普"周的社会知晓度也越来越高，从第七届"推普"周开始，宣传活动逐渐向农村地区拓展。全国推广普通话宣传周不仅是一种社会公益活动，而且已成为广大语言文字工作者盛大的节日，很多商家甚至从港普周宣传活动中寻找到一定的商机。

第五节　三项基本措施之间的关系

作为推广普通话工作的三项基本措施，目标管理、量化评估，普通话水平测试和全国推广普通话宣传周是围绕推广普通话这个主题而相互依存、相互支撑的整体。

目标管理、量化评估是对一个单位（如学校、机关）或一个地区（如城市、区县）的推广普通话工作的检查和督促，重点检查开展"推普"工作的制度化程度以及其人员使用普通话的情况；普通话水平测试是对个人掌握普通话规范程度的检测，目的在于培养和提高个人的普通话能力。前者对团体，后者对个人，前者侧重"使用"，后者侧重"掌握"。普通话水平测试十分重要，依法实施普通话水平测试使《国家通用语言文字法》关于特定岗位人员的普通话水平应达到一定等级的规定落在了实处。对不同地区、不同部门、不同年龄人群提出的不同等级的达标要求，使得普及普通话的行业目标更加清晰，计划更加具体，措施更加得力，同时也使对学校和城市的评估标准具体起来，在一定程度上使推广普通话这项"软任务"硬了起来，有助于普及过程的推进和普及目标的实现。但是如果仅有普通话水平测试而缺少行政管理，也无法实现普通话的应用，因为"证书一到手，方言又出口"的现象在学校和机关里并非个别。加强测试达标后管理十分重要，否则测试仅仅成为一种过关程序而达不到测试的本来目的。事实上，语言的习得性决定着普通话的流畅程度和标准程度必须在经常使用中才能提高，因此用制度化的行政措施来监督是必需的。目标管理、量化评估和普通话水平测试，二者似车之双轮，鸟之两翼，相互依存，不可偏废。

语言是能力、是习惯，更是一种意识决定的行为。人们的方言思维和对方言的熟悉程度是从小养成的，绝非靠行政力量在短期内就能改变。如果把"要他说普通话"变成"他要说普通话"，推广普通话工作就能事半功倍。目标管理、量化评估和普通话水平测试都是带强制性的政府行为，其实施对于单位和个人来说免不了带上被动心态，如果宣传教育跟不上，一些人或可滋生对普通话的抵触情绪。实践证明，开展以全国推广普通话宣传周为中心的经常性宣传教育对于顺利开展"推普"工作具有特殊作用。

首先要宣传推广普通话的意义、法律、法规、方针，使广大干部群众对推广普通话有确切的了解；其次要充分讲清推广普通话的政策，使干部群众知道推广普通话不是要消灭方言，不是任何时候都不许讲方言。在一般的宣传教育的基础上，特别应注重宣传两点：

第一，普通话具有任何方言都无法匹敌的实用价值，推广普通话与各行各业的本职业务密切相关。在推广普通话的四个重点领域里，教育部门应该强调教师自身的普通话达标仅仅是完成了任务的一半，更重要的内容是要教会学生说好普通话，这才是教育的本职，是教育面向现代化、面向世界、面向未来，实施素质教育的具体体现；党政机关应强调普通话成为公务用语是国家意识、法治意识的表现，党政机关做好推广普通话工作对全社会的"推普"工作具有龙头带动作用；广播电视部门的播音用语是国家通用语言（官方语言）使用的标志和示范，必须为全社会做出正确使用普通话的表率；公共服务行业（如铁路、民航、航运、城市公交、邮政、电信、商业、金融、旅游、医院、文化、体育等）与全社会所有公民密切接触，使用普通话营业和服务尤其是自身业务之必需，把普通话作为营业服务用语有利于提高企业的经济效益和社会效益。

第二，普通话具有任何方言都无法匹敌的文化价值和审美价值，无论对地区、行业、单位，还是对个人来说，说好普通话都是体现文明程度、受教育程度和审美情趣的重要标志。普通话是真善美的统一体：说它真，是因为普通话是无可争议的国家通用语言，其使用人口和通行范围具有任何方言无法匹敌的优势，在语言理论方面也具有比任何方言都更加完备的研究成果；说它善，是因为普通话符合全国各族人民的需要，在提高人们的思想文化素质方面，促进企业经济效益方面，促进统一的社会主义大市场的发育和形成方面，促进宣传工作的效益方面，促进科学技术特别是中文信息处理技术的应用方面，总之在促进社会主义两个文明建设方面，具有潜在的有时是直接的作用；说它美，是因为普通话不但具有客观的形式美，而且是真与善，即合规律性与合目的性的完美统一。

宣传普通话的实用价值、文化价值和审美价值对于普通话的推广普及具有重要意义。仅仅讲推广普通话是法律规定和行业要求并不能完全祛除人们学习和使用普通话的被动心态。当代人们，特别是青少年一代把学习和使用普通话看作是充实自我、完善自我和对美的追求时，就能变被动地学习使用为主动地学习使用普通话，而且对民族共同语和祖国的灿烂文化更加热爱。推广普通话切忌拔苗助长，但应该审时度势，正确导航，将推广普通话工作导入一个新的境界。

第四章　从中央电视台《新闻联播》看推广普通话

1998年第3期《语言文字应用》刊登了时为中国社会科学院研究生院语言文字应用系硕士研究生孙积农的文章《推广普通话的重要窗口——从中央电视台《新闻联播》看"推普"》。时隔六年,《国家通用语言文字法》颁布实施、普通话水平测试全面展开并取得阶段性成果。本节仍然以《新闻联播》这扇窗口作为参考,一些地方和孙积农的文章比较,来了解当前"推普"的情况和六年来的变化。

第一节　调查样本说明

中国中央电视台《新闻联播》在我国电视新闻节目中有举足轻重的地位,节目中的语音状况对于推广普通话有重要的示范作用。本次调查以该节目中出现的记者和被采访对象的同期声音作为说话人样本,通过观看原始播出录像,判断说话人的普通话情况。判断的依据是国家1994年颁布的普通话水平测试等级标准。

2004年3月3日(十届政协二次会议开幕)至4月2日共31天新闻联播节目每天播出30分钟整,节目共播930分钟。新闻中出现的说话人样本共505人次,重复出现7人次,单位说话人498人,分别来自除宁夏以外的

30个省、自治区、直辖市和香港、澳门特别行政区及台湾地区。共采集说话样本6290秒约合105分钟。声音资料最长者约145秒,最短者约4秒。在498位说话人中,有219人的相关资料基本掌握,包括姓名、年龄、籍贯、来自地区、职业、职务。

关于说话人样本的几点说明:①某公司管理层,主要是在现代企业制度下公司企业的决策人员。②学者、教师,主要指科学研究人员、工程技术人员、高级知识分子及大中小学教师。③窗口行业,指直接面向公众,以有声语言为主要工具的服务行业,本文中的窗口行业包括电话接线员及博物馆讲解员。④农民工,将农民工从农民中剥离出来,进行单独取样,主要是考虑农民工流动性强,所习得语言与所使用的语言有一定的特点,这一人群在促进普通话推广方面有独特作用,但本次调查取样偏少,以后可作专题研究。⑤其他人员,主要是职业类别不便分类或无法判定者。

一般情况下,在接受重要媒体采访时,说话人对表述会比较重视,这会带来两种不同的情况:一是尽量说好普通话,二是使用自己熟练或更能运用方便的语言。

第二节　概况

表4-1　说话人普通话各级水平人数分布状况

	一级	二级	三级	方言	合计
各级人数	196	206	56	40	498
比例/%	39.36	41.37	11.24	8.03	100

　　说话人中 91.97% 使用普通话，说明普通话的使用比较普遍，80.73% 的人达到二级以上水平，表明说普通话人群中整体水平有所提高。需要说明的一点是：一级水平的说话人中有 98 人是中央及省级电视台记者，按相关规定，他们应该达到一级乙等，这样就提高了一级人员的比例。

表4-2　不同性别说话人普通话各级水平情况

	一级	占所属性别比例/%	二级	占所属性别比例%	三级	占所属性别比例/%	方言	占所属性别比例/%	合计人数
男	109	28.17	189	48.84	50	12.92	39	10.07	387
女	87	78.37	7	15.32	6	5.41	1	0.90	111

女性普通话水平状况强于男性。

　　学生 58.3% 达到普通话水平一级，又尤以小学生水平最高。文化艺术工作者 57.14% 普通话水平在一级以上，学者、教师状况也较好，30% 在一级以上，58% 在二级以上。有些学者本身就是教师，有些艺术工作者从事表演或声乐，属于专业语言应用者。农民普通话使用水平依然很低，但是情况与 1998 年调查相比稍有提高（当时农民普通话使用比例是 10.81%）。

第三节　职业分析

（一）公务员

人事部、教育部、国家语委于 1999 年发出《关于开展国家公务员普通话培训的通知》，其中第二条规定"原则要求 1954 年 1 月 1 日以后出生的公务员达到普通话三级甲等以上水平"，这是我国首次对公务员提出相关要求。从具体实践中看，从 2002 年左右，各地语言文字工作机构继对广播电视和教育系统进行培训测试后，对公务员也开始进行了培训测试，公务员队伍的普通话培训测试机制正在形成。但根据《新时代推广普通方略研究》（于根元先生领导的国家语言文字十五规划项目）调查结果显示，公务员普通话培训测试工作开始时间还不长，也未引起普遍重视。另外，领导干部的表率作用非常重要，但很多地方的领导特别是高级别领导，在使用普通话方面还不理想。

表4-3　公务员普通话各级水平分布

	一级	二级	三级	方言	合计
人数	44	87	24	11	166
比例/%	26.51	52.41	14.45	6.63	100

表4-4 公务员各级别普通话各级水平分布

	一级	占所在级别比例/%	二级	占所在级别比例/%	三级	占所在级别比例/%	方言	占所在级别比例/%	合计
国家	3	75	1	25					4
省部	6	28.57	11	52.38	3	14.29	1	4.76	21
市厅	23	22.12	65	62.5	12	11.54	4	3.85	104
县处	10	30.30	15	45.45	5	15.15	3	9.09	33
乡科基层	1	25				25	2	50	4

我国新一代国家领导集体普通话使用状况良好。与1998年的调查相比，省部级领导干部有较大提高。1998年调查中提到的"领导干部职务由上往下，普通话水平也由高往低"已不明显。在3月28日的节目中，记者在浙江省湖州市进行采访时，被采访对象依次是市委书记、该市下辖的一个镇的书记和一位农民，他们的普通话水平分别是"方言""三级"和"三级"，农民比镇党委书记的水平还要好一些。县处级及以下级别公务员在工作中使用普通话状况不太理想，估计与其日常工作环境有关，在农村地区，尤其是欠发达地区，由于群众思想观念的问题，普通话应用可能会比较困难。

在《国家通用语言文字法》制定颁布前后，各行业系统非常重视，也相继颁发了相关文件。如：高级人民检察院1999年下发的《关于在检察系统做好推广普通话工作的通知》，另外，中央金融工委、铁道部、国家邮政总局、工业和信息化部、文化部等在2000~2001年间分别发出加强语言文字规范化工作的通知，通知中都明确提出了加强推广普通话工作。

各系统公务员的普通话使用情况要优于政府机关。

在这里要特别提一下新闻发言人制度，我国新闻发言人作为一项制度并且用文字表述，是在 1981 年底 1982 年初，十六大以后，国家提出信息公开、透明，公众有更多的参与权和知情权，根据十六大的精神，为了加大信息沟通，比如说通过会议、媒体沟通，增加了新闻发言人的这个渠道。本次调查，共有来自农业农村部、卫生部、国家发展和改革委员会的三位新闻发言人，他们中两位达到普通话水平一级，一位二级甲等，除了语音比较好之外，他们表达流畅生动。目前，我国新闻发言人处于初期阶段，几乎都是兼职的，随着制度的成熟，会有更多专业的优秀新闻发言人出现在公众场合，这将为推广普通话起到积极作用。

（二）公司管理层

我国已经进入商品经济时代，以经济建设为中心，所以经济领域人物，在电视媒体出镜率有显著提高。本次调查的样本中企业的中高级领导就有 75 人。公司企业尤其是现代企业，是社会构成的重要单元，企业员工众多，对推广普通话工作影响重大。所以，企业领导的普通话状况对于企业员工提高普通话水平很重要。

表4-5　企业管理层普通各级水平状况

	一级	二级	三级	方言	合计
董事长	8	29	7	7	51
总经理或子公司首席	5	9	1	2	17
中层及中层以上	4	3			7
合计	17	41	8	8	75
比例/%	22.69	54.67	10.67	12	100

达到一级和二级普通话水平的说话人，所在公司大多是大型企业甚至是跨国企业，如 IBM、中国电信、国家电网等。三级普通话水平和说方言的人，

所在公司以民营和中大型企业居多。也许，随着规模扩大和社会影响力增强，企业领导人说普通话的意识也会增强。

（三）记者

根据广播电影电视部和国家语委联合颁发的广发人字（1997年146号文件）规定，在省级及省级以上电视台出镜的记者要求普通话水平达到一级乙等，本次采集到的说话样本，记者数量众多，绝大多数为中央电视台记者，水平基本达到指定要求。比1998年调查中央电视台出镜记者的普通话水平有所进步。

四、地区分析

表4-6 两大方言区水平比例对比赛

	北方方言区	在本区比例/%	南方方言区	在本区比例/%
一级	173	50.73	23	14.65
二级	121	35.48	85	54.14
三级	19	5.57	37	23.57
方言	28	8.21	12	7.64
合计	341	99.99	157	100

在本段调查的样本中，在进行地区分类时，由于考虑到社会人员流及性较大，即便我们知道说话人的籍贯，也很难判断说话人的母语。因此，这次调查将说活人全部归入所在地区，即他们日常工作和生活的地区，这样的分析结果可以反映该地区普通话水平，也可避免根据地方普通话判断母语地区的失误。如相当数量的被采访者是身居北京的中央部委或直属机构的工作人员，故将其全部归为北京（其中有记者98人）。因此，调查结果显示，北

京以至北方方言区普通话水平一级者较多。

表4-7　北方话主要省区市普通各级水平情况

	一级	二级	三级	方言	合计
北京	148	52	2	1	203
天津	3	4			7
河北	2	7	1	1	11
山西	1	5	2	1	9
内蒙古	1	3	2	2	7
辽宁	4	6			10
吉林	5	14	3	2	24
黑龙江	1	8	2	2	
山东		7	2	9	18
河南	4	3	1	6	14
合计	169	109	15	24	317
比例/%	53.31	34.38	4.73	7.57	99.99

　　在3月22日的一条"山东、江苏等地连锁超市进村，促进春耕时期农资产品流通"的新闻中，记者分别采访了山东和江苏两省农业厅同一部门的处长，江苏的被采访者普通话水平达到三级甲等，而山东的被采访者说的是方言。本次调查中，在说方言的人中，依然是山东、河南为多（1998年调查显示：河南、山东两省说方言人数比例最高，分别达到84.21%和59.25%）。

　　实施西部大开发战略是党中央、国务院加快我国现代化埋设步伐的重大战略决策。西部大开发语言很重要，语言不通，就无法交流，所以说推广普及普通话、推行规范汉字和《汉语拼音方案》在西部大开发的宏伟事业中也具有重要意义。西部是汉语的西北官话和西南官话区，也是少数民族的主要聚居区，西部的语言生活具有多样化的特征。根据《宪法》和《民族区域自治法》，各民族都有使用和发展本民族语言文字的自由，但是这同把普通话和规范汉字确定为国家通用语言文字是不矛盾的。普通话是中华民族大家庭的共同语言，是增强中华民族凝聚力的情感纽带，推广并在必要的场合使用普通话对于加强各民族的团结，增进西部同东部、中部的交流、促进西部经济开发和教育、科技、文化的发展都具有重要的意义。同时，对西部普通话状况的研究，对于当地经济发展、社会进步具有重要作用。

表4-8 西部十二省区市普通话各级水平分布

	一级	二级	三级	方言	合计
内蒙古	1	3	2	2	8
新疆	1	3			4
甘肃		1	1		2
陕西	2	1	1	3	7
宁夏					
西藏		1			1
贵州	1				1
云南		2	4		6
四川	1	8	1	1	11
重庆		4	1	1	6
青海		1			1
广西		3	3		6
合计	6	27	13	7	53
比例/%	11.32	50.44	24.53	13.21	100

在西部十二省区市中，南部省份说普通话人数比例要高于北部省份，分别占所在区域的93.55%和77.28%，但北部省份普通话语音面貌要好于南部。

表4-9　长江三角洲地区普通话各级水平情况

	一级	二级	三级	方言	合计
上海	1	7	2	1	11
江苏	3	13	4	1	21
浙江	1	9		3	17
合计	4	29	11	5	49
在全地区比例/%	8.16	59.18	22.45	10.21	100

表4-10　珠江三角洲地区普通话各级水平情况

	一级	二级	三级	方言	合计
广东	2	3	1		6
福建		2	3		5
香港	2	3	4		9
澳门		2			2
合计	4	10	9		22

　　继珠江三角洲（以闽粤方言为主）后，以上海、浙江、江苏为主的长江三角洲地区（以吴方言为主）是经济活跃地区。以上两地区，普通话非常标准的人不多，其中，达到一级水平的有近一半是北方人。长三角地区，说方言的人还占一定的比例。而在珠江三角洲地区，说方言人数，明显少于长三角地区。

五、其他

（一）从年龄段看

　　由于能被准确掌握年龄的说话人仅占 1/3，所以，没有列表分析。但能够感觉到，30 岁以下者，普通话状况令人满意。50 岁左右者，女性水平明显高于男性。小学生要好于中学生和大学生。

（二）从民族类别看

生活在少数民族地区的少数民族说话者虽然水平不高，但基本说普通话。生活在汉族地区的少数民族者，如回、满等族基本无法从普通话水平上判断民族。

六、结论

1.《中华人民共和国通用语言文字法》的颁布实施，使推广普通话工作有了法律保障，并促使各行业系统出台政策加强普通话推广。所出台的政策，不但对本系统公务员有要求，对所管辖的事业、企业单位也提出了相关要求，具有促进作用。但在农村地区，"推普"依然缺乏有力的措施。

2.在市场经济不断发展的情况下，人员流动性空前扩大，交际更加频繁。市场作用正在推广普通话工作中逐步显现。

3.《普通话水平测试大纲》实施 10 年来，由于测试和上岗挂钩，各被测试行业相关人员的普通话状况有显著改善。

4.调查的是作为中国电视界最重要的新闻节目，也具有局限性，但也有一定的参考性。

第五章　从媒体使用普通话的情况谈全国新时代推广普通话方略

中华人民共和国成立初期，推广普通话工作作为中华人民共和国文化建设的主要内容之一得到了全国上下广泛一致的拥护、支持与积极的参与。在推广普通话的过程中，大众媒体的从业人员无论是作为推广普通话的宣传者还是实践者，都为普通话推广事业做出了卓越的贡献。时至今日，经过广大语言文字工作者及各行各业热心于推广普通话事业的人半个多世纪的努力奋斗，积极宣传，大力推广，普通话在中华大地底普及到什么程度了呢？普通话的普及程度是否达到当前人们的预期的目标呢？作为肩负宣传"推普"、实践"推普"重任的大众媒体，其中的语言文字应用情况又是什么样子呢？在新时代的普通话推广工作中，媒体又当如何积极地发挥它的作用呢？我们这里将着重探讨有关媒体与推广普通话的关系及其中的一些问题。

第一节　我国推广普通话的要求、意义与现状

（一）我国推广普通话的要求

1949 年，中华人民共和国诞生之后，文化建设作为民族复兴与祖国建设的一个重要部分，马上被提到了议事日程上。为了树立国家的形象，提高国民的文化素质，广大工农群众开始努力学习文化，于是在全国掀起了语文知

识大普及的热潮。1955 年全国文字改革会议和现代汉语规范问题学术会议相继召开之后，中国人民解放军总政治部就发出了《关于在军队中推行汉字简化、推广普通话和实现现代汉语规范化的通知》。随后教育部也于 11 月 17 日发出《中华人民共和国教育部关于在中小学和各级师范学校大力推广普通话的指示》。

1956 年 1 月 28 日，国务院全体会议第 22 次会议上决定成立以陈毅为主任的"中央推广普通话工作委员会"，并于 2 月 6 日由周恩来总理亲自签署发布了《国务院关于指广普通话的指示》（以下简称《指示》）。《指示》第一次完整地阐述了作为"首通话"的科学定义，这就是："以北京语音为标准音，以北方话为基础方言，以典范的现代白话文著作为语法规范的普通话。"

1982 年的《中华人民共和国宪法》中明确指出："国家推广全国通用的普通话。"此后，国家有关部门先后制定了一系列推广普通话的行政法规性文件和部门规章如：

1986 年，《关于加强对中等师范学校学生进行普通话考核的意见》《关于加强开放、旅游城市推广普通话工作的通知》；

1987 年，《关于加强高等师范院校推广普通话工作的通知》《颁发〈关于广播；电影、电视正确使用语言文字的若干规定〉的通知》《关于广播、电影、电视正确使用语言文字的若干规定》；

1990 年，《关于小学普及普通话的通知》；

1991 年，《关于在全国城市公共交通系统进一步加强推广普通话工作的通知》；

1992 年，《关于在全国商业系统加强推广普通话工作的通知》《关于进一步做好中等师范学校普及普通话工作的通知》；

1993 年，《关于普通中学普及普通话的通知》《关于职业中学普及普通话的通知》；

1994 年，《关于进一步做好师范专科学校普及普通话工作的通知》《关于对普通中小学普及普通话工作进行检查评估的通知》《关于开展普通话水平测试工作的决定》；

1997 年，《国家语言文字工作委员会关于普通话水平测试管理工作的若干规定》《广播电视管理条例》；

1998 年，《关于开展全国推广普通话宣传周活动的通知》；

2000 年，《中华人民共和国国家通用语言文字法》。

此外，还有《教育法》《义务教育法》《民族区域自治法》《扫盲工作条例》《幼儿园管理条例》等，其中都对推广普通话提出了相应的要求。

早在 1955 年的第一次全国文字改革会议上，时任教育部部长的张奚若在题为《大力推广以北京语音为标准音的普通话》的报告中指出：应该有系统地推广这种以北方话为基础方言、以北京语音为标准音的普通话——汉民族共同语。为方便起见，这种民族共同语也叫普通话。同时还指出：推广北京语音是推广汉民族共同语的重要环节。强调推广民族共同语决不能只顾语音一方面，必须兼顾语音、语法、词汇三方面，这三方面合成的整体才是民族共同语言；提出了推广北京语音的方针、步骤与措施：①训练师资。②广播电台设置北京语音讲座。③编制图书、教具。④开始教学。⑤重点试验，总结经验。⑥制定奖励办法。⑦普遍展开宣传。

经过三十多年的努力工作，1986 年，在第一次全国语言文字工作会议上，时任国家语言文字工作委员会主任的刘导生在会议主题报告《新时代的语言文字工作》中明确提出了推广普通话在 20 世纪内的奋斗目标。"在 21 世纪内，我们应该努力做到：

第一，各级各类学校采用普通话教学，普通话成为教学语言。

第二，各级各类机关进行工作时一般使用普通话，普通话成为工作语言。

第三，广播（包括县以上的广播台、站）、电视、电影、话剧使用普通话，普通话成为宣传语言。

第四，不同方言区的人在公共场合的交往基本使用普通话，普通话成为交际语言"。

在 1997 年的全国语言文字工作会议上，许嘉璐在主题报告《开拓语言文字工作新局面，为把社会主义现代化建设事业全面推向 21 世纪服务》中提出了新世纪推广普通话工作的奋斗目标。2010 年以前，普通话在全国范围内初步普及，交际中的方言隔阂基本消除，受过中等或中等以上教育的公民具备普通话的应用能力，并在必要的场合自觉地使用普通话，与口语表达关系密切行业的工作人员，其普通话水平达到相应的要求。达到这一目标，将为实现 21 世纪中叶的宏伟目标奠定坚实的基础。下世纪中叶以前，普通话在全国范围内普及，交际中没有方言隔阂。

2000 年 10 月 31 日颁布的《中华人民共和国国家通用语言文字法》中第

三条明确规定："国家推广普通话，推行规范汉字。"

普通话被确定为国家通用语言，就意味着要在全国范围内推广使用普通话，使之确实做到在全国通行、通用。同时，这也意味着人们在应该使用普通话的场合能够说普通话的一定要说，不能够说普通话的要努力学会说；有条件的要尽快学会说；没有条件的，国家或地方政府应当帮助提供条件，自己要努力创造或争取条件尽快学会说普通话。

（二）我国推广普通话的意义

我国推广普通话的意义，就像《国家通用语言文字法》中所讲的那样，是为了推动国家通用语言文字的规范化、标准化及其健康发展，使国家通用语言文字在社会生活中更好地发挥作用，促进各民族、各地区经济文化交流；是为了利于维护国家主权与民族尊严，利于国家统一和民族团结，利于社会主义物质文明和精神文明建设，利于促进改革开放和社会主义市场经济的建设。推广普通话是爱国主义教育内容之一，是社会主义精神文明建设的内容之一。

大力推广普通话是为了适应祖国社会发展的需要，适应祖国的文化、经济、政治和科学技术飞速发展的需要，是为了适应新世纪不断增长的人流、物流和信息流的需求。在不同的历史时期，社会各方面的需要是不同的，因此，在普通话推广方面，也可以看出不同时期的特点。

正像前面所谈到的那样，我国自 1949 年之后明确提出推广普通话以来，无论是从要求的强度、推广普所面临的客观形势还是推广普通话的方针、政策等，都在随着时代的发展而不断地发生着变化或进行调整。这些调整都是为了适应时代发展的需要，是根据不同历史阶段的社会发展特点和当时语言文字生活的客观现实需求来进行的。

中华人民共和国成立初期，祖国百废待兴、百业待举，为了加快社会主义工业化建设的步伐，为了进一步提高广大社会主义建设者的整体文化素质，克服工作中因不同方言或不同民族语言而带来的交流上的障碍，首先决定推广普通话、简化汉字和进行扫盲。

1978 年 8 月 26 日，教育部发出《关于加强学校普通话和汉语拼音教学的通知》，普通话语音研究班恢复。80 年代，语言文字工作在经过一段恢复发展之后，重新焕发了勃勃生机。1982 年通过的《中华人民共和国宪法》中规定：国家推广全国通用的普通话。这对于在全国范围内推广普通话是一个有力的推动。它从国家根本大法上给以推广普通话工作最基本的法律保障。但是，由于当时社会发展的需求还没有强烈到像现在这样的地步，所以，在一些民族地区，本着尊重少数民族使用自己语言文字的权利与自由，普通话在广大少数民族地区的推行力度相对要小一些。到 1986 年全国语言文字工作会议召开之后，中国文字改革委员会更名为国家语言文字工作委员会，国家语言文字工作的基本任务和方针、政策等都做出了大幅度的调整。推广普通话与汉语规范化被提升为新时代语言文字工作的首要任务，并且明确了阶段性奋斗目标。1992 年，随着推广普通话工作的深入开展，"推普"工作的形势发生了一定的变化。于是，国家语言文字工作的主管部门就根据实际需要提出了新时代推广普通话的 12 字方针："大力推行，积极普及，逐步提高。"50 年代推广普通话工作的 12 字方针为："大力提倡，重点推行，逐步普及。"说明当时首先应该从思想观念上让大家意识到推广普通话的重要性，要积极地"大力提倡"说普通话。这是因为当时各地发展水平相对还比较低，无论是文化发展程度，还是经济发展进度与水平，都还是处于比较初级的阶段，所以只能先提倡。"重点推行"是指把大城市或几个试点样板地区作为当时普通话推广工作的主要任务和工作重点来抓。在几个重点地区先行推开，然后再带动周边地区，影响其他地区，以求能够使普通话在更广大的范围内不断推广，进而"逐步普及"。

90 年代初期提出的新时代"推普"工作 12 字方针是因为形势发生了较大的变化。普通话的推广与普及工作提倡了几十年，推广和普及了几十年，现在虽然不能完全说可以不再大力地去宣传提倡说普通话了，但是大力推行还是必要的。加大普及力度，加快普及步伐。同时，普及工作还要逐步提高水平与质量。因为普通话的应用是有区别的，所以，我们需要不断地提高普通话的应用水平。1997 年全国语言文字工作会议上重申继续坚持贯彻落实新时代"推普" 12 字方针，同时确定新世纪推广普通话工作的阶段性奋斗目标。2010 年在全国范围内初步普及普通话；2050 年在全国范围内普及普通话。奋斗目标类似倒计时的闹钟，时刻在提醒着我们作为语言文字工作者应该加快速度大力推广普通话，力争按时保质完成任务。

2000 年 10 月 31 日，《中华人民共和国国家通用语言文字法》的颁布以及于 2001 年 1 月 1 日的正式实施，从专门的语言文字法律角度为推广普通话注入了新的无限生机与活力。随着国内交往、中外交流的日益增多，随着经济、文化和政治的不断发展，尤其是现代化科学技术的迅速发展，国家的安全、稳定与统一的要求，都为普通话推广工作提出了更为急切的要求。各方言区的人们之间，各民族之间的人们交流的机会增多了。随着各地经济发展的加快，随着人们文化生活水平的不断提高，人们的视野变得越来越开阔。人们的活动半径不断加大，人们纷纷要求走出家门，走出地区，甚至是走出国门，走向世界。于是原来仅仅限于小范围内交流能够使用的某种方言或民族语言已经不够用了。为了与外界沟通，人们就需要掌握一种公共的交流工具。于是，普通话的推广使用成为时代赋予国人的必然选择。

（三）我国推广普通话的现状

1.三年前，教育部语言文字应用管理司发表了《当前推广普通话有关情况》的文章，指出：中华人民共和国成立以来，推广普通话工作取得了显著的成果，五十多年来教育部门向社会输送了约 6000 万高、中等专业人才和近 4 亿具有初、高中文化水平的劳动者，加上目前在校学习的 2 亿多学生，他们都接受了或正在接受普通话的训练。据调查，目前大中城市 90% 以上的人希望自己或自己的子女学习、使用普通话，80% 的人能够使用普通话进行社会交际。普通话已经成为全国通用的语言，我国方言之间和语言之间的隔阂正在逐渐消除，人民群众的语言观念正在向规范化现代化方向转变。但是，从全国范围来看，语言的社会应用状况还不能适应现代化、信息化的需要，不能适应加入 WTO 后市场经济体制的发育以及西部大开发的实际需求。为使国家通用语言在增进各民族各地区间的交往和沟通，发展社会主义经济、科技、文化等方面发挥更大的作用，必须进一步扩大推广普通话的工作范围，加大推广普通话的行政力度。

这里较为宏观地说明了当前普通话推广地区的结果与状况。我们知道，在大中城市 80% 的人能够说普通话，但是，我国更为广阔的是广大的农村地区，我国更为广大的人群在农村，他们的普通话应用情况以及文化发展水平相较于大中城市来说都是比较低的。因此，加上农村，甚至包括一些小城市、城镇这个大的砝码，全国能够使用普通话的人的比例绝对不会像大中城市那样高达 80% 的。

2.经过一次大规模的调查，我们根据初步调查结果了解到，全国能够说普通话的人口已经超过一半。其中城镇人口中能够说普通话的人的比例可达 60%，乡村人口中能说普通话的人的比例则为 45% 以上。能够说普通话的人群，随着年龄的增长，他们的普通话应用水平逐步降低，从 15 岁到 69 岁，能够使用普通话的人口在各个年龄段中所占的比例竟从 70% 递降至 30%。在能够说普通话的人群的职业分布上，其中教师和学生比例最高，高达近 85%；教师以外的专业技术人员和公务员中能够说普通话的人占其中的比例为 75% 左右；党群组织和企事业负责人及办事人员中说普通话的人占的比例在 70% 左右；而商业服务业人员中说普通话的人所占的比例则在 60% 左右。这是我们所能了解到的普通话推广的结果与应用现状。

从目前我国社会人口流动趋势来看，每年由农村流向城市的民工大军数量在逐年增加。这批人的流动，为全国普通话的推广工作起到了很好的辅助作用。他们成为全国推广普通话工作中的良性因子，为"推普"工作带来了很大的促进作用。随着我国政治体制的不断改革，新一届中央政府推行的"以人为本""执政为民"和"求真务实"的亲民政策，随着我国经济文化的不断发展，西部大开发战略的进一步实施，全国范围内的人员流动趋势将伴随着"民工潮"、支援西部建设的志愿者队伍和广大旅游者的不断增加而进一步得到加强。由人流引起的相应的物流和信息流的加大，都为普通话的推广起到了积极的推动作用。

3. 从目前学校的情况来看，通过调查，我们了解到在教师和学生中能够使用普通话的人比例占将近 85%。一般来讲，学校是普通话推广工作做得相当好的地方或者说是行业。但是，作为推广普通话的基础，学校里的普通话能否真正成为校园语言呢？这在广大农村地区和城市之间的学校之间区别还是比较大的。有一些老师和学生，他们都具备说普通话的能力，但是，由于学校处于方言区之中，平时交流起来还是感觉用方言更加亲切、自然、方便、随意一些。于是，能说而不说的现象还是有的。这种现象在中小城市、城镇尤其是农村则更为严重，因此很有必要做好普通话作为校园语言的推广工作。

4. 从目前媒体使用的情况来看，媒体本身有一种与生俱来的宣传和推广普通话的光荣使命与职责，同时也有一种天然的权威性。随着西部大开发战略的进一步实施，广播电视领域"村村通"和"西新工程"的开展与逐步落实，我国广播电视的人口覆盖率逐年增长。其中 2000 年广播的全国人口覆盖率为 92.74%，2001 年则达到 92.92%，增长幅度为 0.18 个百分点。电视的全国人口覆盖率 2000 年为 93.65%，2001 年则为 94.18%，增长了 0.53 个百分点。[1]

在东南沿海一带，一些省份的广播电视台中有用方言播音的情况，但是，随着普通话推广力度的不断加大，地方政府已经采取有效措施逐步减少广播电台和电视台的方言播音节目的时间与栏目，增加普通话播音节目的时间和栏目，加大普通话播音的力度，从而为普通话的推广发挥媒体应有的榜样作用。但是，我们也应该清醒地认识到，当前媒体中电影、电视剧中用方言的情况在增加，有的播音员或主持人的普通话没有达标或有的虽然已经达标，但在实际工作中却降低要求，模仿港台腔调等。

---

① 中国广播电视年鉴 2002[M]. 中国广播电视年鉴社，2003：508~509.

5. 在推广普通话工作中，党政领导干部和公务员是龙头，起引领方向的作用。为了落实党中央领导同志关于"推广普通话，公务员要带头"的指示，人事部、教育部和国家语委于 1999 年联合发布了《关于开展国家公务员普通话培训的通知》，对公务员的普通话测试工作提出了标准明确的要求。随着普通话测试工作的日益深入及公务员普通话测试工作的切实展开，公务员的普通话应用水平将会大幅度地提高。就目前情况来看，电视中记者采访的各级领导干部以前讲方言的比较多，现在则有相当一部分领导干部可以在公众面前讲普通话了。但是，还是有一些在讲方言的。针对这一部分公务员的普通话应用水平还有不小的提高空间这种情况，开展公务员普通话的培训和测试工作变得更加重要起来。只有真正提高了自己的普通话应用水平，广大的公务员才有可能在"推普"工作中发挥好龙头的作用。

6. 商业服务业人员相对于其他几个人群来讲，由于从业人员文化结构上的差异，这个人群中能够使用普通话的人口比例占 60% 左右。人员的大范围流动、旅游者购物热潮的日益升温，将提升商业服务业从业人员的整体的普通话应用水平。

7. 普通话测试工作自 1994 年正式开展以来，10 年间，共测试人员超过 1000 万人次。培训国家级和省级测试员达数万人。这些测试员和参加过测试的人在实际生活中或多或少地会起到一种推广普通话的骨干作用和示范作用。这将从整个队伍的培养方面为普通话推广工作做出积极的贡献。

总之，我们应该看到多年来推广普通话工作已经取得的显著成绩，但是，我们也必须清醒地认识到当前的严峻形势。由于目前时代发展步伐的加快，现代化高科技技术不允许我们再用半个世纪的时间来推广普通话了。为了在

2010 年以前初步普及，2050 年以前普及普通话，我们必须勇敢地面对现实，认真分析研究，积极采取应对之策，利用各种可以利用的合法、有效的手段，将普通话推广工作快速地、深入地开展下去。

第二节　媒体在推广普通话中的职责与义务

一、国家对媒体使用普通话的要求

1955 年之后，中国人民解放军总政治部发出了《关于在军队中推行汉字简化、推广普通话和实现现代汉语规范化的通知》（以下简称《通知》）。《通知》中要求各级政治机关的宣传、文化部门，各军、政、文化学校的文化教员，"运用报纸、杂志、广播等宣传工具，广泛开展汉字简化和推广普通话的宣传工作，并经常地给予具体指导"。"在军队中推广普通话的工作十分重要。为了大力推广普通话，部队的有线广播、俱乐部工作、青年团的各项活动，都应当给予有力的配合，把它当作一项政治任务。使全军逐步养成学习普通话，使用普通话和传播普通话的习惯和风气。"紧接着，教育部也发出了《中华人民共和国教育部关于在中小学和各级师范学校大力推广普通话的指示》（以下简称《指示》）。《指示》中提出："为了提倡和帮助人们学习普通话，为了帮助各地中小学和各级师范学校教师学习普通话，由教育部门请中央广播电台举办北京语音教学讲座，定期联播。并且建议地方广播电台分区负责举办讲座，北京人民广播电台负责华北和内蒙古地区，沈阳广播电台负责东北地区，武汉广播电台负责中南地区，上海广播电台负责东地区，重庆广播电台负责西南地区，西安广播电台负责西北地区。中央人民广播电台联播教学和地方广播电台所办讲座的材料，可以印成小册子，或在报刊发表，作为函授教材，使广播和函授教学结合起来。"

1956 年 2 月 6 日，周恩来总理亲自签署发布了《国务院关于推广普通话的指示》（以下简称《指示》）。《指示》的第 4 条中还明确指出："全国各地广播电台应该同各地的推广普通话工作委员会合作，举办普通话讲座。各个方言区域的广播站，在它们的日常播音节目中，必须适当地包括用普通话播音的节目，以便帮助当地的听众逐步地听懂普通话和学习说普通话。全国播音人员、全国电影事员，职业性的话剧演员和声乐（歌唱）演员，都必须受普通话的训练。在京戏和其他戏曲演员中，也应该逐步地推广普通话，教育部和广播事业局应该大量灌制教学普通话的留音片。文化部应该在 1956 年内摄制宣传普通话和教学普通话的电影片。"

1986 年，刘导生在第一次全国语言文字工作会议的主题报告中明确提出了推广普通话奋斗目标。其中有一点就是要：在 21 世纪内，应该努力做到使广播（包括县以上的广播台、站）、电视、电影、话剧使用普通话，普通话成为宣传语言。

1987 年 4 月 1 日，国家语言文字工作委员会与广播电影电视部联合颁发《关于广播、电影、电视正确使用语言文字的若干规定》的通知。通知中说："广播、电影、电视使用语言文字是否合乎规范，不仅关系到宣传的实际效果，而且对社会的语言文字应用也会产生重大影响。"在《关于广播、电影、电视正确使用语言文字的若干规定》中则明确指出：

根据国务院国发〔1986〕64 号文件的指示精神，为加强广播、电影、电视语言文字的规范化，特作如下规定：

一、广播、电影、电视使用语言文字应做到规范化，对全社会起积极的示范作用。

二、县、市以上（包括县、市）的广播电台（站）的播音，除少数民族聚居地区和其他特殊情况者外，都应逐步全部使用普通话。现在使用方言播音的节目，要根据当地普通话推广的实际情况，逐步改用普通话播音。

三、电影、电视剧（地方戏曲片除外）要使用普通话，不要滥用方言。扮演领袖人物的演员在剧中一般也要讲普通话。如因内容需要，要用某些方言，也不能过多。使用方言的电影和电视剧的数量要加以控制。

四、电影、电视剧的片名,电影、电视剧片头的制作单位名、字幕演职员表，以及电影、电视广告，使用文字要合乎规范，不应使用已经简化了的繁体字、被淘汰了的异体字和不规范的简化字。应当消灭错别字。简化字以1986年10月10日重新发表的《简化字总表》为准。使用汉语拼音，要拼写正确，分词连写，以汉语拼音正词法委员会公布的《汉语拼音正词法基本规则（1987年）》为依据。

五、广播、电影、电视使用普通话要合乎规范，应当避免读音差错。普通话异读词的读音以《普通话异读词审音表》（1985年12月修订）为准。

六、民族地区的广播电台（站），除使用当地民族语言播音外，根据当地的实际需要和可能，可适当增加使用普通话播音的节目。

七、各广播电台（站）、电视台、电影制片厂、电视片制作单位应采取各种有效措施，使有关工作人员在正确使用语言文字方面，增强思想意识，提高业务素质。

八、电影、电视制作部门要建立严格的审查校对制度。必要时可聘请语言文字方面的专家做顾问。对那些在语言文字规范化方面工作卓有成效的单位和个人，要给予表彰或奖励。

九、各地语言文字工作部门，要密切配合广播、电影、电视部门做好语言文字规范化工作，并积极开展有关的宣传和咨询服务工作。

1994 年，广电部电影事业管理局下发了《关于重申国产影片必须使用普通话和规范汉字的通知》。1997 年，国务院第 61 次常务会议通过了自 1997 年 9 月 1 日起施行的《广播电视管理条例》。《广播电视管理条例》第 36 条明确规定："广播电台、电视台应当使用规范的语言文字。广播电台、电视台应当推广全国通用的普通话。"

在 1997 年的全国语言文字工作会议上，许嘉璐在主题报告中提出了新世纪推广普通话工作的奋斗目标。其中有一点就是：有声传媒要以普通话为播音用语，广播电台、电视台的播音员、节目主持人从 1998 年起，要逐步做到持普通话合格证书上岗。

2001 年 1 月 1 日开始正式实施的《中华人民共和国国家通用语言文字法》中第十二条第一款规定："广播电台、电视台以普通话为基本的播音用语。"第十四条规定："下列情形，应当以国家通用语言文字为基本的用语用字：广播、电影、电视用语用字。"第十六条规定："本章有关规定中，有下列情形的，可以使用方言：（一）经国务院广播电视部门或省级广播电视部门批准的播音用语；（二）戏曲、影视等艺术形式中需要使用的；（三）出版、教学、研究中确需使用的。"第十九条规定："凡以普通话作为工作语言的岗位，其工作人员应当具备说普通话的能力。"

大众媒体尤其是广播、电视更是与生俱来地拥有一种权威地位，具有一种极大的影响力。这是因为广播影视本身就是现代化的大众传播媒介，其覆盖面广，影响力大，进入千家万户，对全社会的语言文字使用产生着巨大的影响。媒体不仅具有信息传播功能，在政治、思想、文化、意识形态等方面负有社会责任，同时还具有语言传播的功能，在语言文字的使用和规范的发展方面，也同样负有重要的社会责任，大众媒体具有双重使命。媒体在传播语言的同时，也在传播语言规范。在丰富的语言实践中，媒体不仅会巩固已有的语言规范，而且能够创造和发展新的语言规范。广播电视播音员的读音是汉语语音规范的体现；媒体的用语用词用字、篇章结构，是汉语文字、词汇、语法和用语规范的体现。媒体的语言应用，对于社会语言生活的规范和发展起着十分重要的引领作用，主导着社会语言生活，决定了社会语言生活的质量与发展方向。重视语言运用，不仅是媒体的社会职责，而且也是媒体自身发展所必需的，是与媒体的质量与威望直接相关的。广播电视行业的用语用字具有显著的国家标志性和社会示范性，这就要求媒体从业人员要有正确的语言观念，要能够科学地对待各种语言现象，要有较高的语言文化素养，也就是说要具有语言文字应用方面的一种职业自觉。

二、在"推普"工作中，媒体是榜样，榜样的力量是无穷的

报纸作为四大媒体中历史最为悠久的一种媒体，是无声的纸质媒体。它

对广大读者语言文字使用习惯的引导和语言运用规范的培养主要体现在文字、词汇的选择，也就是体现在遣词造句上。

广播、电视目前是主流媒体，在人们的日常语言文化生活中扮演着相当重要的角色。再加上广播电视的权威地位，因此，广播电视中的语言文字应用就成为大众媒体语言文字应用的主要代表。广大的广电从业者，特别是播音员和节目主持人，每天都在用有声语言进行工作，他们是受众的语言教师和榜样，在语言规范方面对广大群众具有重要的示范作用。广播影视工作者应当时刻不忘自己在实现语言文字规范化方面所肩负的社会责任，当好推广普通话的表率。

多年来，广播影视系统在语言文字规范化方面有了长足的发展，在继承和发扬我国广播影视优良传统的基础上，更加丰富了广播影视语言的表达形式，为广播影视语言文字规范化工作的开展增添了新的活力。

1987年国家语委与广电部联合颁发的《关于广播、电影、电视正确使用语言文字的若干规定》的通知中说："编辑、播音员、编剧、导演、演员和影视制片工作人员都应是语言文字规范化的宣传者和实践者，积极为广大听众和观众起示范作用。多年来，广播、电影、电视工作者在促进语言文字规范化方面，特别是在推广普通话方面，做出了重要的贡献。"《关于广播、电影、电视正确使用语言文字的若干规定》则在第一条首先指出："广播、电影、电视使用语言文字应做到规范化，对全社会起积极的示范作用。"

在1997年的全国语言文字工作会议上，广播电影电视部部长孙家正做了题为《努力促进全社会语言文字的规范化》的讲话。讲话中指出：语言文字工作关系到国家的统一、民族的团结、社会的进步和国际的交往。实现语言文字规范化、标准化，是普及文化教育、发展科学技术、提高工作效率的一项基础工程，对社会主义物质文明建设和精神文明建设具有重要意义。语言的文明、文字的规范，是一个国家、一个民族精神文明水平的重要标志之一。

广播电影电视是通过声音和图像进行传播的媒体，语言文字是其最重要的信息载体。在广播影视工作中语言文字占有十分重要的地位，广播的"声情并茂"和电影、电视的"声画和谐"都离不开语言文字。

广播影视工作者，包括编辑、记者、播音员、主持人、编剧、导演、演员和影视制片人员都应该大力地贯彻国家关于语言文字的方针政策，成为语言文字规范化的宣传者和实践者，积极为广大听众和观众起示范作用。在推广普通话方面，播音员和主持人具有广泛的权威性，他们在语言文字工作中负有义不容辞的社会责任。

于根元曾经讲过："电台广播员，电影、电视和话剧演员，他们也都是语言规范的宣传家，每天有无数的观众和听众有意识地或无意识地在向他们学习。他们在推广普通话方面，过去有过很大的功劳，今后在全国范围内更加大力推广普通话的情况下，他们将起更大的作用，自然也就必须加强自己语言的规范性。""电影、电视、话剧演员和电台广播员的语音是普通话实际的语音规范，这些同志的语音如何，关系到推广普通话方针政策的具体表现。""我们的普通话本身需要发展，还要使用合乎时代、合乎人们需要的丰富的书面表达和口头表达。这不仅有利于推广普通话，还具有促使汉语健康发展的重大意义。"（《新时代的推广普通话工作》60~62页，语文出版社，1990）

在《关于媒体语言研究的若干思考》（《媒体语言大家谈》，姚喜双、郭龙生主编，经济科学出版社，2004）一文中，于根元指出："媒体语言为人们的交际做出了巨大的贡献。媒体语言对社会语言的影响逐渐增大，这跟媒体和媒体语言的发展有关。媒体语言对社会语言的积极影响是主要的，媒体语言是学生重要的学习语言的第二课堂，很多人是通过媒体语言尤其是其中的广播电视语言学习听和说普通话的，媒体语言使社会语言生活更加健康活跃。因此，人们也对媒体语言提出了更高的要求，对媒体语言里不良的情况提出了批评。"

那么，究竟大众媒体或者说广播电视在人们学习普通话的过程中发挥了怎样的榜样与示范作用呢？人们学习普通话都是跟着广播电视学习的吗？通过一次规模相对比较大的调查，我们得知，在人们学习普通话的各种的途径中，最为重要的是"学校的学习"或者说是"在学校里的要求"。这并非特指在学校里专门学习普通话的课程，而是指在学校学习期间，因学校要求或为了学习、交流的方便而自觉地学习普通话。当然，也不排除有在学校专门学习普通话课程的情况。除了"学校学习"之外，还有"社会交往"和"看电视听广播"这两种途径，它们在人们学习普通话的主要途径中是次于"学校学习"的。也就是说，人们在学会普通话的过程中选择通过这两种途径的人比选择"学校学习"普通话的人要少。但是，这两种选择却比选择"培训班学习"和"家里人的影响"这两种途径的人要多很多。这也就是说，专门经过普通话培训班的学习和训练的人比较少，只是受到家里人的影响而没有通过其他途径学会普通话的人也比较少。除了在"学校学习"的之外，通过"看电视听广播"这种途径学会普通话的人在会说普通话的人当中的比例竟接近70%。这就意味着有许多人是通过"看电视听广播"学会普通话的。通过对不同地区、不同年龄段的人群和不同职业的人群以及不同文化程度的人群的调查，我们还了解到，在城市中通过"看电视听广播"这种途径学会普通话的要比在乡村中通过这种途径学会普通话的人少一些。因为城市内普通话的应用环境相对于农村而言要好许多，人们通过"社会交往"和受"家里人影响"这两种途径学会普通话的在城市里就比在乡村里的人要多一些。这就说明了农村这个广阔天地里普通话应用的大环境的发展情况还远不如城市里的普通话应用环境那么发达与成熟。在不同文化程度的人群中，文化程度低的人由于接触其他媒体的机会相对较少，因此，通过"看电视听广播"学会普通话的人比较多。从年龄上来看，随着年龄从小到大的逐步增长，人们通过"看电视听广播"这种途径学会普通话的人则相对逐步减少，呈递减趋势。在不同性别的人群中，通过"看电视听广播"这种途径学会普通话的人在数量上没有什么差异，基本相同。这些调查的数据，科学地证明了人们一贯认为的大众媒体在推广普通话过程中所起到的巨大的积极的作用。这是人们对媒体的期望，也是媒体的光荣使命与职责。

第三节　媒体使用普通话的现状分析

1987 年 4 月 1 日，国家语委与广电部联合颁发《关于广播、电影、电视正确使用语言文字的若干规定》的通知。通知说明了制订该通知的目的是进一步使语言文字的应用符合规范化标准化的要求。通知中说："广播、电影、电视作为现代化的大众传播媒介，是我们整个宣传战线和文化战线的重要组成部分，具有广泛的群众性。但是，也要看到，当前广播、电影、电视在使用语言文字方面确实还存在一些问题，如有些地方的广播电台（站）和电视台方言播音占播音时间比重较大；一些播音员的普通话还不够标准；电影、电视剧（不包括地方戏剧和曲艺）滥用方言的现象还比较严重；不少电影和电视的片名、字幕、演职员表和广告的用字不规范等。"

10 年之后，在 1997 年的全国语言文字工作会议上，广电部部长孙家正做了题为《努力促进全社会语言文字的规范化》的讲话。讲话中指出：由于广播影视事业发展很快，许多播音员、主持人、演员、编辑、记者来不及接受系统的严格的训练，加自外来文化和社会语言文字氛围的影响，使广播影视语言文字工作出现了一些不容忽视的问题。具体表现在：

（一）普通话的水准下降，知识性的错误时有发生，存在着用词不当及遣词造句不符合语法规范和逻辑的毛病。一些从记者、编辑转而做主持人，或从其他行业半路入行的同志认为，自己又不是播音员，只要在形象上、内在文化素质上有优势，就可以掩盖语言不纯正的缺点，就可以胜任工作。甚至认为只有这样才能区别于播音员。他们忽略了自己客观上所承担的社会责任。同时，盲目模仿港台腔，夹杂滥用外语的情况也常有所见。有的广告乱改成语，对观众特别是对少年儿童产生误导。

（二）方言土语依然泛滥。电影电视剧滥用方言的现象比较严重，尤其是一些小品，往往倚重方言来博取戏剧效果，有些地方电台、电视台方言播音占的比重较大。对此，不少观众提出批评意见。在社会主义市场经济条件下，经济建设飞速发展，不同地区人们的交往、社会信息的交换空前增加，迫切需要使用全国通用的语言。广播电影电视音像制品都应该在使用普通话上发挥示范作用，推动普通话的普及。

（三）用字不规范，繁体字回潮。除书法艺术、文物古迹、古籍整理出版、古代历史文化学术研究等外，不应使用已经简化了的繁体字和已被淘汰了的异体字。要采取行之有效的措施，解决电影、电视片名、字幕、演职员表和广告中繁体字回潮的问题，加大力度消灭电影电视字幕中的错别字，杜绝乱造的简体字和已废止的"二简"字。

（四）语言文明受到污染。影视作品有粗俗化的倾向，一些语言垃圾堂而皇之地进入社会精神产品领域，进入影响力极为广泛的影视作品中。这些充斥着庸俗的调侃以及"时髦"的洋化、痞化语言的影视剧，不仅对社会语言环境造成污染，而且对广大青少年产生不良影响，有害于社会主义精神文明建设，应该引起我们高度重视。（《推广普通话宣传手册》，教育部语言文字应用管理司编，第22~28页，语文出版社，1999年）

许嘉璐在1996年9月的全国广播影视语言工作会议上的讲话《增强规范意识，提高影视语文水平》中指出："我希望东南沿海一带的经济继续快速发展，也期待着那里的广播电视早日实现以普通话为主，为提高那里千百万人民的普通话水平，引导和帮助本地区人民掌握与全国沟通的语言手段做出更大的贡献。"①

在这些年中，无论是广大的语言文字工作者，还是广大的媒体从业人员和广播影视管理部门，他们都一直在为解决广播电视等媒体的语言文字应用中出现的各种各样的问题而不断地努力着。广播电视事业发展迅速，有些问题虽然在这群人的身上解决了，但是，事业的发展需要不断有新人涌入这个领域。一批批新的从业人员到来，同时也带来了一些问题。他们可能还会重

---

① 许嘉璐. 未成集——论新时期语言文字工作 [M]. 北京：语文出版社，2000.

蹈覆辙，出现前辈曾经出现过的问题。这就有一个继续教育、不断学习以提高自身专业素质的问题。在 20 世纪 80 年代末期《关于广播、电影、电视正确使用语言文字的若干规定》所指出的那些问题，在 90 年代末期广电部领导的报告中都还作为问题被提了出来。难道是在这 10 年里广播电视系统在语言文字工作方面没有任何进步与发展吗？显然不是。我们深知广播电视等媒体管理部门和广大的媒体从业者在实际工作中都在积极地纠正错误，改正缺点，努力为推广普通话，为祖国语言文字的规范化和标准化做出自己的贡献。那为什么这些问题还会被当成问题提出来呢？现在，从 20 世纪 90 年代末期的领导讲话来看，时间又过去了将近 10 年。在这些年中，这些问题解决得怎么样呢？

以珠江三角洲为例，在《珠江三角洲学校"推普"立潮头》[①]一文中，作者最后指出："广播电视中方言播音比例仍然过大，媒体语言环境不够理想。1991 年调研时，调研组就对佛山地区媒体方言播音严重的现象提出了建议。1992 年广东省委、省政府《关于大力推广普通话的决定》中也明确要求'新闻单位'要逐步减少方言播音时间，增加普通话播音时间。面向学生、少年儿童的节目和教育节目，应全部使用普通话播出。"时隔 12 年后，佛山电台、电视台的普通话播音时间虽然较以往有所增加，但是方言播音比例仍然过大，佛山电视台四个频道中没有一个是全天播出普通话节目的，面向学生、少年儿童的节目也未做到完全使用普通话。很多原本是普通话的电视剧被配上粤语方言后热播，一些普通话版的广告也被翻译成了方言。据调查问卷显示，佛山、顺德地区许多师生都对媒体的语言环境很有意见，认为"电视节目中

---

① 俞雍思 . 珠江三角洲学校"推普"立潮头 [N]. 中国教育报，2004-5-12（3）.

用粤语播音现象太严重。对于正在养成语言听说习惯的中小学生来说，广播电视是他们感受普通话、学习普通话最直接、便捷的途径，而当地媒体语言环境的不理想让学生们很失望，更让许多外地来粤人员无奈。在全社会都大力推广普通话的新形势下，珠江三角洲地区的广电系统应该真正发挥榜样作用。"

广播电视中的方言播音问题，虽然各级政府及相应的媒体管理部门已经在采取措施努力改进，但是，距离在全国范围内积极推广、普及普通话的要求还有一定的差距，还需要不断地努力。因为我们看到现在有的台竟然有新增设的方言栏目，不知道他们的初衷是什么。如果说按照《中华人民共和国国家通用再言文字法》的规定，经过相应的管理部门批准，媒体在一定的范围内可以使用方言，但是，管理部门批准新增设方言栏目的目的又是了什么呢？这不能不引起我们的思考与重视。

其他的问题，如播音员、主持人普通话水平是否达标，影视屏幕中的错别字、繁体字问题，都有不同程度的改善。但是，我们也必须承认，有些问题甚至比以往更严重，同时还会有不少新问题随着时代的发展而产生的。吴郁在《播音主持语言质量的定性分析》[①]一文中讲道：播音主持语言的规范化，是个"老生常谈"且"不容置疑"的命题，似乎无须再反复论证，不过，在广播电视多样化发展进程中却总是遭遇偏离规则的"挑战"。所谓"挑战"，大约有这样几种原因：港台华语节目的冲击、另类主持的出现、某些业务主管对"港普"趋之若鹜地推崇提倡、追星族"迷于一时"的盲目追捧、个别主持人的审美失误与急功近利、某些人为规避自己的语言缺陷"反攻为

①　姚喜双，郭龙生 . 媒体语言大家谈 [M]，经济科学出版社，2004.

守"……其中共同的一点，是他们错把某些表层的异于规范的东西当成了"个性"，当成了"多样化"。现在令人担忧和不解的是，南方有些城市的广播电视充斥着"港台腔"，特别是一些拿到"一甲"证书的播音员主持人，一反普通话水平测试考场上的常态，偏偏"咬着"舌尖，扯起个调调，故意颠倒轻重格式，逆规范之道而行。无法想象，大多数考得驾驶证的司机上路后会随心所欲！因为每一条交规都是用鲜血写成的，而且交警对违规者的执法是很严格的。相比之下，语言文字的法规需要不断完善。但重要的是，终于得以颁布的《国家通用语言文字法》如何落实？谁来监督？谁来执法？有法不依，这个凝聚心血和重要意义的法规岂不成了一纸空文？我们不能只忙着测试，却对起着语言"示范""引导"作用的播音员、主持人大量违规现象充耳不闻，熟视无睹，束手无策，听之任之。现实呼唤有关部门切实解决语言文字法规的"普法"和"执法"问题。

　　通过调查，我们知道针对在全国范围内播映的广播影视剧中使用汉语方言的问题，人们采取的态度情况大致为：50%以上的人是不赞成在其中使用方言的。赞成使用方言的有20%以上。表示无所谓的也占20%以上。另外还有将近5%的人表示很难说。这个调查结果告诉我们，全国有一半以上的人希望在全国播映的广播影视剧中不要使用方言。但是，另外一半的人却要么表示赞成，要么表示无所谓或者很难说。这很令人深思，也很需要研究。

　　这里提出了一些令人深思的问题，同时也客观地反映了媒体语言应用的现状，尤其是当前媒体中普通话的应用情况。为了解决媒体普通话应用中所存在的各种各样的问题，我们必须采取一些有力的措施，以求尽快改变媒体语言应用的现状。

第四节　新时代推广普通话的媒体方略

（一）已经采取的有关措施

针对广播电视等媒体中语言文字应用方面所出现的问题，媒体的管理部门采取了一系列相应的管理与整改措施。国家广播电影电视总局是新闻宣传单位，也是新闻宣传的管理机关。抓好全系统广播影视语言文字的规范化管理，应当成为其明确的政府行为。在 1996 年 9 月于北京召开的全国广播影视语言工作会议上，与会代表一致决定应加强对播音员、主持人队伍的管理，并提出了明确的要求：

1.实行播音员、主持人持证上岗制度。对新人的选拔考核，严格按照《播音员主持人上岗暂行规定》执行；已经在岗的人员，普通话必须限时达标，少数长期不能达标者转岗改做其他工作。各方言地区、边远地区和少数民族地区，在普通话达标时限上，可根据当地实际情况适当延长。

2.专职从事播音、主持工作的，包括记者、编辑改做专职播音员、主持人的，都必须达到国家语委、国家教委和广电部规定的普通话一级标准。一般采访报道的记者、编辑以及客座主持人、嘉宾、主持人等非专业人员，也要力求使用普通话，只是在普通话语音方面的要求做适当放宽。

3.电台、电视台一般不再增加方言频道和节目。方言地区视当地普通话推广情况，有计划地增加普通话播音的频道和节目。少数民族聚居地区，在办好少数民族语言节目的同时，根据当地的实际与可能，逐步增加普通话播音。

4.在普通话播音中不准夹杂滥用外语和方言，外来词应当按普通话的译音读。

5.建立有效的监督机制和奖惩机制。

6.重视播音、主持工作的业务研究等。

全国广播影视语言工作会议之后，广电部认真落实会议精神，做了如下几项工作：（1）成立普通话水平测试工作领导小组。主持普通话水平测试和播音员、主持人上岗资格管理工作。（2）制定、印发了《播音员、主持人上岗暂行规定》。（3）成立普通话水平测试站，培训国家级普通话水平测试员。

2001年1月1日起开始正式施行的《中华人民共和国国家通用语言文字法》对广播电视的语言文字工作做出了一系列的规定。国家广电总局抓住这部法律生效的有利时机，在全系统掀起了一个依法规范广播影视语言文字的热潮，使这项工作在全国广电系统得到了有力的推动。

国家广播电影电视总局总编室副主任李宗达在《认真做好广播电视语言文字工作》（《媒体与语言——来自专家与明星的声音》，姚喜双、郭龙生主编，经济科学出版社，2002）一文中讲到：作为广播电视行政管理部门，国家广电总局和各级广播电视行政管理部门高度重视语言文字的管理工作，主要是通过健全组织、制定法规、监督评议、检查奖惩、持证上岗等机制加强管理，主要抓了以下几方面的工作：（1）实行分管领导负责、相关职能管理部门主抓机制，加强管理。（2）制定管理规定。（3）加强监督把关。（4）实施奖惩措施。（5）施行持证上岗制度。

据我们所知，1997 年，原广播电影电视部成立了广播电视系统普通话水平测试工作领导小组，由原分管领导任组长，全国各省市区也建立了相应的机构，负责开展普通话测试工作，并由人事司、总编室负责推动这项工作。1999 年 8 月，中央电视台制定了《屏幕语言文字差错奖罚条例》。2000 年 3 月，广电总局在原有规定的基础上下发了《关于进一步加强播音员、主持人管理有关问题的通知》。2001 年 12 月 31 日，在对《播音员主持人上岗暂行规定》进行修订的基础上，以国家广电总局 10 号令的形式颁布了《播音员主持人上岗规定》，并于 2002 年 2 月 1 日起施行。中央三台和一些地方广电机构分别依照有关规定的基本精神制定了一些具体规定，如中央电台有《播音员、主持人管理暂行规定》；中央电视台《宣传管理规章制度》第九章专门就"屏幕语言文字管理"做出了相应的规定。

在监督把关方面，受众来信、专家评议和主管部门监听监看，是发现、纠正广播电视语言文字差错的三大主渠道。现在国家广播电影电视总局内部有两条途径对广播电视节目实施监督评议：第一，设立总局收听收看中心，对全国上星节目实施综合监听监看，编发内部的《收听收看》刊物和《收听收看》日报；第二，聘请一批离退休的高级编辑、高级记者及社会贤达人士收听收看广播电视节目，撰写评论文章，编发内部的《视听评议》。中央人民广播电台和中央电视台的内部刊物《听众与广播》《观感选辑》《观众反映分析》《节目监看反映》等均刊载来自广大受众的意见，其中有关语言文字的标准化、规范化是重要内容之一。

关于广播影视语言文字应用方面的问题的大量评议，成为管理和奖惩的依据。例如，中央电视台总编室负责每月统计一次播音员主持人等在工作中出现的语言文字差错。并负责将从不同渠道获得的语言文字差错信息随时录入电脑，按部门、栏目、播出日期、差错情况进行统计汇总。每月上旬将上个月的语言文字差错情况进行统计核实，报总编室领导审定后，在全台办公例会上通报。对屏幕中出现错别字（包括漏掉关键字）的节目编导、播音员和主持人，实行扣工资的处罚。另外，还根据节目录播和直播的不同情况，分别给以不同等级的处罚。录播处罚是直播的一倍。一年内出现 3 次以上错别字的编导或节目负责人，除在电视台工作例会上通报外，还将作为专业职称评定的业务参考。半年内出现 6 次以上错别字的编导，将建议取消其岗位资格。对出现读音错误的播音员、主持人和导致字幕中出现错别字的打字员也进行经济处罚。同时，中央电视台以部门为单位，对在一段时间内没有出现字幕错别字的部门进行奖励。中国国际广播电台的中文节目由华语节目中心负责每月两次抽查各语言节目，并以语言表达、措辞用语、语音规范作为评判标准，对节目的播音、主持水平给以量化考核。此外，电台专家组也按月审听一次各语言节目，并将节目的播音水平纳入考核内容，分别制定具体的评分标准，如发现有播音员、主持人将语音、人名、地名等错播，将视情混减分。中心评定结果与专家审听结果汇总评分，直接与送音员、主持人的工作业绩及奖金挂钩。

为搞好广播影视队伍建设，特别是提高播音员、主持人队伍的整体素质，国家广电总局自 1996 年至今已采取了一系列措施加强播音员、主持人的管理，其中对播音员、主持人进行普通话测试和持证上岗的工作是重要内容。

原广电部于 1996 年 9 月召开了全国广播影视语言文字工作会议，提出要采取切实有力的措施，加强语言文字管理和播音员、主持人队伍建设，做好播音员、主持人的选拔、培养和考核工作，并于 1997 年 3 月与国家语委联合发文，要求在全国广播影视系统尽快建立普通话水平测试工作领导小组和测试站。1997 年 6 月颁发了《播音员主持人上岗暂行规定》，要求自 1998 年 1 月 1 日起，对全系统播音员、节目主持人逐步实施持证上岗，并建立广电系统的普通话培训、测试考核体系。2000 年 3 月份颁发的《关于进一步加强播音员、主持人管理有关问题的通知》（以下简称《通知》）。从建立健全播音员、主持人管理机构；加强对播音主持专业的岗位管理；完善播音员、主持人考核办法；重视播音主持人才的选拔和培养及加强播音主持理论建设等几个方面都做了具体规定。其中最重要的一条就是把通过普通话水平测试，取得上岗证书作为参评播音高级职称的必要条件，从制度上把普通话水平与职称评聘、职务晋升、各种待遇紧密地联系起来。《通知》要求在播音、主持岗位工作的人员，均应纳入播音专业职称系列管理，也就是专业职称必须按照播音系列予以申报。

看到上述已经采取的诸多有力的措施，我们没有理由不相信当今媒体语言应用中应该不会出现什么严重的语言文字问题。但是现实如前所述，问题还有不少。这是为什么呢？到底应该怎样才能大量减少或从根本上杜绝问题的产生呢？郭龙生在《关注热点，探索媒体语言研究新思路》[①]一文中曾讲道：如何看待媒体在语言文字使用方面出现的这样或那样的不规范问题呢？专家学者和媒体一线的实践者们纷纷发表意见，认为："责任在具体编辑人员，但关键在领导。媒体的领导如能像重视媒体宣传工作的方针、路线那样重视媒体语言文字的规范化问题，一能做到以身作则，二能做到大声疾呼，媒体

---

① 姚喜双，郭龙生.媒体语言大家谈 [M].北京：经济科学出版社，2004.

语言文字中出现的问题一定会大大减少的。""现在出现的问题比较多，主要是领导对语言问题抓得不得力。不是这些领导不重视，是治标不治本。""尽管有制度，有条例，有上岗证，有法的制约，在读音或书写上，错字、白字仍然经常出现。问题的实质是：有要求，无管理。我国政府有关机构虽然对语言文字的正确使用提出了严格要求。但仅仅是要求，还没有产生明显的效果。必须有管理、有监督、有措施才能落实。"为此，人们呼唤媒体语言应用差错预警机制的建立，希望从根本上解决这个"老大难"问题。专家们认为语言的监审机制不够。如果我们有一个预审机制，在它出笼之前就把它那些错误给更正了，情况就会好得多了。我们应该在大学的相关专业里设置语言文字规范化的课程，为即将从事媒体语言应用工作的人先行打疫苗，注射预防针，以增强在未来的工作中对语言文字不规范现象的敏感性和免疫力。

（二）针对新问题的媒体推广普通话方略

面对当前媒体中出现的诸多问题，尤其是媒体在普通话应用方面的一些不足，我们结合媒体在普通话推广工作中的职责与义务，结合人们对媒体所寄予的应该在推广普通话方面作为榜样与楷模的厚望，结合当前科学文化的整体发展水平和广大受众对语言文字应用的鉴赏水平，结合目前媒体普通话应用的实际状况，特制定下列应对方略。

1. 从思想上树立普通话意识

在媒体各个领域大力开展宣传《中华人民共和国国家通用语言文字法》的活动，以保证每一个媒体从业人员都能够从根本上认识到说好普通话的重要性，认识到媒体所承担的重要的社会责任。从思想观念上保证在工作中真正做到讲标准的普通话，为广大受众学习标准规范的普通话树立榜样。如果不能从思想意识的高度来认识普通话在媒体中的重要性，就难以保证媒体在推广普通话过程中的良好的示范作用。因为一个人的行为是受其思想意识来支配的，没有正确的思想观念来支配，一个人是不可能有正确的行为的。

利用各种媒体的有利条件，大力在全国范围内宣传贯彻《国家通用语言文字法》，以保证全国人民都能够树立遵纪守法，维护祖国语言文字健康发展的意识，养成规范运用国家通用语言文字的良好习惯，并且在全国范围内对媒体的语言文字应用情况进行监督，以帮助广大媒体人不断调整自己的言行，以符合《国家通用语言文字法》对媒体中使用国家通用语言文字的根本要求。

2. 建立科学完善的管理制度．

继续在媒体领域推行普通话培训测试管理制度，把好入口关。让每一个希望走进媒体领域中工作的人都能从一开始就做到符合要求，能够达到相应的普通话等级标准。

建立严格的奖惩制度。有制度并不等于就会有良好的效果。如何真正地贯彻执行制度、认真执法，是媒体领域能否真正做到说普通话的世人榜样的关键因素。切实保证制度不打折扣地执行，真正落实制度中的各种要求，只有这样才能真正发挥制度的作用，保证达到制定制度的目的。

建立媒体人才专业素质的培训与提高制度。保证媒体从业者在工作过程中能够不断地得到继续学习的机会。媒体工作时间性强，劳动强度大，工作紧张，但是，不能忽视对自己素质的提高，忽视对从业人员的培养。每一个媒体人都应该挤时间努力学习，以提高自身的素质；媒体管理部门应该从制度上给以保证，让他们能够有机会去学习，去充电。只有这样才会保证媒体从业者在工作上能够真正做到与时俱进，跟上时代发展的步伐，才不会出现素质低和江郎才尽的尴尬局面。

3. 扩大普通话节目的覆盖面

针对目前有些地区方言播音情况的出现，媒体管理部门应该从体制上给以限制，确保普通话播音的时间与空间范围不受侵占。目前国家广播电影电视总局开展的确保央视少儿频道落地的工作，就是一个很好的例子。国家广电总局《关于抓紧做好央视少儿频道落地工作的通知》要求：责任到位，积极组织推进央视少儿频道转播落地工作；制定规划，确保按期完成央视少儿频道落地任务；严格执行责任追究制度，保证在规定时间内完成央视少儿频道在全国各个省辖市的落地成功。从而保证广大方言区和少数民族地区的少年儿童能够看到来自中央的普通话节目。

4. 根据不同媒体的特点，制定普通话推广工作的媒体攻略

报纸作为纸质媒体，主要应该从文字、词汇、语法、修辞等角度开展宣传国家通用语言文字的工作，努力发挥其在这个方面的示范作用。

网络媒体作为一个新生事物，虽然从硬件、软件等技术角度已经发展到一定的程度，但是在语言文字应用方面，在普通话推广方面，网络媒体发挥的积极作用还是有一定限度的。网络语言词汇的大量出现并且流入其他媒体之中，在报纸、广播、电视等当中出现，这对于普通话词语的规则和运用无疑产生了一定的冲击。网络语言词汇的大量产生，可以被认为是普通话词汇的变化的运用，变化有些是值得鼓励的。因此，对于网络语言词汇，我们虽然已经感觉到它给普通话词汇的规则和运用所带来的负面影响，但是我们也必须积极地对待这个新生事物，看到它为普通话词汇大家族所带来的活力和

清新的一面。未来的网络语言词汇将会走向何处，这很值得我们广大语言文字工作者和媒体从业人员给以关注，对其进行研究、分析和引导。

广播电视作为媒体中的有力者，随着《国家通用语言文字法》的进一步贯彻实施，随着每年"推广普通话宣传周"的举办，普通话意识将日益深入人心，广播电视在管理部门的各种有效措施与规章制度的约束下，通过积极发挥其媒体本身的主观能动性，必将在未来的普通话推广工作中发挥出更大的更为积极的促进与推动作用。

第六章 新闻媒体下拓展"推普"新局面

从珠江三角洲地区推广普通话的情况来看，全国新时代的推广普通话方略，是由广东省汉语方言的状况及珠江三角洲的语言地位所决定的。广东省是我国汉语方言最为复杂的省份之一，全省流行的汉语方言，主要为粤方言、闽方言和客家方言。粤方言使用人数约4000万；闽方言的使用人数约1300万；客家方言的使用人数约1200万，三种方言之间不能交流，每种方言里还有大大小小的次方言，一些次方言彼此也无法沟通。这种状况，极大地妨碍了广东人民的社会交往和社会进步。一方面说明了广东的推广普通话教育比起其他地方更显得重要；另一方面也说明了广东省向来是国家"推普"的重点和难点地区的原因，"推普"工作客观上比起其他地区有更大的困难。

在广东省的方言中，从流行的范围和使用的人数来说，粤方言占据首位。粤方言通行于珠江三角洲、粤中地区、粤西南地区以及粤北的部分地区，使用人口近4000万。在香港特别行政区和澳门特别行政区，粤方言是社会通行的共同交际语，使用人口约700万。此外，许多国家和地区，如南美洲、北美洲、大洋洲、欧洲，非洲以及东南亚各地，在华人的社区里，粤方言也是主要的交际用语之一，使用人口约1500万~2000万。广东省境内的粤方言可以分为几个片，其中"广府片"在粤方言中影响最大，主要分布在以广州为中心的珠江三角洲、粤中及粤北地区，香港和澳门所通行的粤方言基本上属于"广府片"，所以粤方言传统上又叫"广府话"或者"白话"，这一片是粤方言的"大本营"，以广州话为代表。

正是因为珠江三角洲地处广东强势方言——粤方言的中心地带，是"广府片"粤方言通行最广的地区，一向被认为是方言势力最强、"推普"的局面最难打开的地方，珠江三角洲推广普通话的进展，就像一个"缩影"或一面"镜子"，在一定程度上可以反映出广东省"推普"的工作现状。所以，以珠江三角洲地区推广普通话的情况来看全国新时代的"推普"方略，可以说明一些问题。

珠江三角洲地区"推普"工作的历程使我们认识到：第一，社会的发展和交际的需要是普通话得以推广的根本动力。第二，只有社会交际需要因素还不够，还要政府重视，认识到位，千方百计创造有利于学习普通话的各种外部条件：（一）学校是"推普"的重要阵地，必须抓紧不放松。（二）一定要从本地实际出发，制定和推行符合本地区情况的有关政策和措施，因势利导促使各行各业"推普"氛围的形成。（三）要积极鼓励进行方言复杂地区的有关"推普"理论、方法、策略的研究，加深认识和正确处理方言与普通话的各种关系。只有这样，才能克服各种困难，取得实效。

第一节　社会经济的迅速发展是"推普"的强大推动力

语言是人们最重要的交际工具。推广普通话的目的是促进人民的社会交流，加快国家的经济、政治、文化的发展。从珠江三角洲推广普通话的历史进程和经验来看，社会的发展和交际需要是普通话得以推广的根本内在动力。

语言生活的形成与社会经济情况有关。以前，生产不发达，不同地区之间人们交流机会不多，除了有少部分人要使用"雅言、通语、官话"外，当地老百姓使用方言足够应付交际和生活的需要，各具地域性特点的方言也就是这么形成的。一方面，由于社会经济的发展，生产方式的改变，社会的交流的需要也就促使本来比较封闭单一的语言生活的方式发生变化，语言观念和态度也随之发生变化，本地的语言也会发生演变。另一方面，语言的变化反过来促进社会的发展。

广东省推广普通话的高潮是随国务院 1956 年《关于推广普通话的指示》开始的，当年 7 月，广东省教育厅发出通知，第一次把普通话教学列入广东中小学教育工作的内容。经过了近 50 年的艰苦努力，虽然现在推广普通话远没有达到理想的境界，但是可以肯定的是，珠江三角洲的语言生活状况发生了很大的变化，这个"推普"工作的"坚冰地带"已经开始融化。广东从 1980 年就率先走"市场经济"的道路，改革开放大潮使珠江三角洲地区市场经济迅速发展，与省内各地、全国各地的交流日趋频繁，特别是 1992 年邓小平同志到南方视察和党十四大明确建立市场经济体制之后，珠三角的现代化建设更快地向前发展，数以百万计的外地人潮水般涌进广东、涌进珠三角，极大地冲击了当地封闭的语言环境，珠江三角洲地区聚集了五湖四海的人，不会说普通话就根本无法交流，以前的"不说普通话照样发大财"变为"不会普通话就不能发大财"了。到了 21 世纪，如今珠三角的老百姓基本都能听懂普通话，接受过义务教育的人都能说普通话。过去"只讲方言，不闻普通话"的语言生活状况已经得到改变。不少外地人来到珠三角工作、学习和生活，再也不会为不懂粤方言而苦恼，因为可以用普通话与本地人交流，有些人甚至生活了几年后还是"粤语盲"。不少的工厂在招聘职工时，要求应聘者会说普通话。这个变化的确引人瞩目。2003年9月全国"推普"周期间，《羊城晚报》记者在广州市来了个"全城出动"，四处采访和调查，写了一篇特别报道，题目是《老广说"官话"不再脸红了》，材料真实可信，具有说服力。下面把该报道摘录下来，以展露以前有盲目"方言优越感"、对说普通话有抵触情绪的"广府话"人士现在的巨大转变。（笔者对个别文字做了修改，并对一些粤语作了注解）。

1.窗口行业：水平参差不齐

外地人到广州，接触最多的是公共服务行业，比如银行、邮局、公园、商店、出租车，他们的普通话水平如何，直接代表着广州的形象。记者选取海珠区、荔湾区、越秀区三个老城区公共服务行业一些单位作为测试对象。

银行——满分

银行是测试对象中普通话最普及、水平最高的。记者先后在工商银行、建设银行、招商银行等十家储蓄所进行测试，工作人员都能说一口流利、标准的普通话，而且都是主动讲普通话。满分！

邮局——过关

在三个老城区，记者走访了9家邮政所和电信营业厅，测试结果令人满意，全部过关！印象最深刻的是流花邮局的一位营业员，他的年纪比较大，说起普通话来很吃力。但是，记者连续跟他对答十余句，他一直坚持讲普通话，令人感动。

公园——过关

海珠区海幢公园的女售票员一直用普通话和记者聊天，她还说："现在都讲普通话了，除了那些阿公阿婆，我对其他游客都讲普通话。"

在越秀公园北门，记者用普通话问："一张门票多少钱？"售票员愣了一下，才用普通话回答"5元"。入口处的检票小姐用普通话告诉记者，一般早上来这里的都是晨练的老人，本地人多，需要和他们讲粤语，平常基本上一半粤语一半普通话。

商店——基本过关

荔湾广场一楼的积石饰品店里，"你好！"店员用粤语打招呼，记者拿起一件饰品问道："这是什么材料？"店员一听记者说的是普通话，立即改用普通话回答："是水晶。"

越秀区一服装店，店员一直用粤语介绍："中意（喜欢）可以试下！""睇下先（看看再说）。"记者问："你能不能讲普通话？""哦，不好意思。"接下来的时间里，这名店员就一直使用普通话了。

出租车——过关

记者在市内不同地区，换乘了7辆的士，有4位司机主动用普通话打招呼，其他三位听到记者说普通话后，也主动从粤语换成了普通话。

2.公务员：普通话都挺标准

广州作为推进普通话水平测试的首批6个试点城市之一，要求公务员100%讲普通话。公务员办得到吗？9月19日，记者致电广州市政府、市物价局等15个党政机关单位，测试结果令人相当满意。

记者的第一个测试项目是："能否主动说普通话"。"喂？你好！"每个被测试单位接电话的工作人员都非常有礼貌，一拿起电话先主动问候。不过，只有 5 家单位工作人员说的是普通话，其他说的都是粤语。

第二个测试项目是："是否能说普通话"。记者用普通话问："请问你们的办公地点在哪里？"令人兴奋的是，公务员的"频道"都转得很快，一听对方是讲普通话的，立即从"广东台"转到"中央台"，用普通话回答记者的问题，而且，普通话都还挺标准！

3.市民：七成以上交流自如

记者以问路为由，在广州街头随意选择测试了 20 位市民，其中有 40% 的市民主动说普通话，75% 可用普通话自如地交流，但也有 10% 根本听不懂普通话，这些大多是老年人。

在康王路，一位阿婆一听记者讲普通话急得直摆手，"我唔知，我唔知（我不知道）。"记者又问了一句，她的手摆得越发急了，头也跟着摇了起来。

可是，在荔湾区的幸福新村里，一位老伯给了我们惊喜。老人正兴致勃勃地搬出椅子准备晒太阳，记者凑上前问："老伯，去荔湾广场怎么走？""什么？"老伯没有听清楚，但他和我说的是普通话。这让记者感到意外，我们重复一遍，老伯说，"哦，荔湾广场啊，出这个门，右转再直走，过去再问问。"一口标准的普通话。"老伯，您的普通话说得真好，您是广州人吗？"老伯很得意地点点头："广州人，57 岁了。"

但也有年轻人普通话还不过关。在龙津路的一家茶叶店里，年轻的店员用普通话为记者指路，夹杂了大量的粤语，让人听了半天才弄明白。

老广学说普，故事一箩筐。

顾客是外省人，保姆是外省人，老板是外省人，工友是外省人，可以说广州人学普通话是给"逼"出来的。学普通话的动机五花八门，其中的故事也不少。我们采访了 5 位广州人，请他们谈谈学普通话的故事。

个体经营者老刘（52 岁）：我是土生土长的广州人，好多年都只是在电视里接触过普通话。改革开放以后，才有一些外省人来和我做生意，慢慢地学着讲几句。可是总说不好，还闹笑话。有一次，家里来了外省的客人，我请他在家里吃饭，问他"你要不要饭？"客人当时一愣，我也不懂是怎么回事。后来才知道，普通话里"要饭"是"乞讨"的意思……现在越来越多的客户是外省人，我的普通话水平也进步了。

家庭妇女黄姨（54 岁）：为了照顾小孙子，家里请了一个四川来的小保姆，一个四川话，一个广州话，我们一老一小，开始根本没法沟通。实在没办法，我说了一辈子白话，要从头学普通话。谁想到，跟小保姆相处的时间长了，我的普通话成了四川味儿，家里人听了都笑，搞得我很不好意思。可是，除了跟小保姆学，我还能跟谁学呢？

布料商人梁先生（58 岁）：我经常跟外省的客户打交道，觉得自己的普通话还可以，但是年纪毕竟大了，读高中的女儿常常笑我。我也只好向她讨教，纠正自己的发音。最近她又教我一条绕口令："初级班：化肥会挥发；中级班：黑化肥发灰，灰化肥发黑；高级班：黑化肥发灰会挥发，灰化肥挥发会发黑；MBA班：黑化肥发灰挥发会发黑，灰化肥发黑挥发会发灰！"刚开始，我一念，满屋子都是"灰飞灰花"，不过在女儿的帮助下，我现在说得很好了。

退休干部林老（63 岁）：我爱面子，怕出洋相，所以学起普通话来特别难。可是学不好普通话就做不好工作。我们搞军民共建工作，人家部队里的人很热情，说了很多话，我自己有话却说不出！听报告、开交流会，不会普通话也不行。我请太太做督学，在家里也说普通话。现在有学外语的热潮，要是学普通话也能热起来就好了。

公务员梁先生（42岁）：我从小就很喜欢普通话，看书的时候常常用普通话读课文。还学了不少样板戏，到现在还能唱几句。虽然广州人觉得学普通话有点困难，但是只要留心广州话和普通话之间的差异就不难。

新客家在穗，从容做生意每个在广州工作、生活的外省人都有一个共同的感受，这些年广州人的普通话水平进步了不少。外地人在广州生活方便多了。我们也请了5位外省人，讲讲他们的故事，没有普通话的故事。

大学生小刘（吉林人）：刚刚到广州的时候，听不懂粤语，感觉像到了另一个世界。一次出去逛街，迷了路，用普通话问路，第一个人很热情，哇啦哇啦地说了一通粤语，一个字都没听懂。第二个、第三个也都讲粤语。实在没办法只好打的。

保安李先生（陕西人）：我刚来的时候每次买东西都用100元钞票，不是有钱，而是听不懂，不知该付多少钱，只能多给，更谈不上讨价还价了，多花了不少冤枉钱。

的士司机林先生（河南人）：我来广州已经6年了，以前可没有这么多人说普通话。有时候听不懂客人说什么，经常把车停错了地方，客人生气，我更觉得不好意思。现在好了，广州人基本上都会说普通话，我不懂粤语也可以做生意。

记者罗小姐（福建人）：粤语让我吃过大亏！去年有个很重要的案件领

导交给我采访，我兴奋得不得了。可一开庭，我就傻眼了，法官、原告、被告，统统讲粤语！我像个傻瓜一样，坐了一上午，一句都没听懂。

理发师阿力（湖南人）：我第一次在广州坐公共汽车，就出了丑。司机不会讲普通话，粤语的"二"发音和普通话的"一"相同，司机跟我要两元钱，我就给一元，他重复了一遍，我还是给一元，车里的乘客都笑了，让我很没面子。

以上的新闻报道使我们看到，社会经济的迅速发展是推广普通话客观上的强大推动力，没有广东经济的发展就没有珠三角今天的"推普"局面。这完全是由社会发展、语言交际的实际需要所决定的，人们已经充分认识到了普通话所具有的重要实用价值。同时，普通话的进一步普及为珠江三角洲的经济飞跃起了积极的推动作用。

第二节　学校是"推普"的重要阵地

珠江三角洲的推广普通话工作在今天取得了好成绩，这除了与经济的高速发展、产生社会交流需要的动力因素有关之外，很重要的是与政府不断加大"推普"的工作力度分不开。这是因为，一方面，要客观承认粤方言与现代汉民族共同语——普通话差异性较大，这就使珠三角粤方言人士学普通话相当困难：一提起说普通话就望而生畏，存在一定的心理障碍；另一方面，随着以广州为中心的珠三角的经济发展和与香港、澳门地区的交往日趋频繁，粤方言"强势方言"的地位有所提高，形成了一股"推普"的阻力。所以，如果仅仅有了语言交流的社会实际需要，而政府不重视，没有用强有力的政策措施推动的话，"推普"工作永远不可能达到预定的目标。

一直以来，广东省政府领导坚持不懈，首先抓紧做好学校"推普"的工作。在广东、在珠江三角洲这种方言复杂的地区，要推广在北方方言基础之上形成的普通话，不是一件容易的事。要让普通话在这块土地上发芽、生长、遍地开花，必须先从学校抓起，以学校促社会。对于这一点，广东省政府领导有非常一致的认识。在改革开放之初，广东省委第一书记任仲夷就多次说过，"推普"不是一件小事，推广普通话最重要的途径就是中小学坚持用普通话教学。他要求学校把学普通话纳入教学计划，小学升初中、初中升高中应考普通话。

（一）珠江三角洲学校"推普"历程

珠江三角洲学校的"推普"工作走过了一个艰苦的历程，可以分为三个阶段：

第一个阶段，提倡推广阶段（1956~1976）。

1956年10月，广东省教育厅发出《有关普通话教学问题的通知》，第一次把普通话教学列入中小学教育工作的内容，培训师资，开展方言调查，编写出《广州人学习普通话手册》，召开普通话教学成果观摩会，鼓励开展普通话教学。

第二个阶段，恢复发展时期（1977~1991）。

1978年，省教育厅发出《关于在学校加强推广普通话和汉语拼音教学问题的综合意见》，肯定了过去行之有效的制度和做法，再次强调广东方言区"推普"的重要性。珠江三角洲一些小学尝试汉语拼音教学"注音识字，提前读写"

的教学实践，充分发挥汉语拼音在识字和读写教学中的作用，帮助小学生提高说普通话的能力。1983年开始，广东省教育厅要求全省开设普通话说话课，编写了教材和教学参考资料，组织教学观摩和交流。随着改革开放，社会经济的发展，政府对"推普"的行政管理力度逐步加强，目标和要求更加明确，普通话教育的实验范围更加广泛，珠江三角洲学校的各类学校领导、教师及学生对"推普"的认识有了不同程度的提高。

第三个阶段，普及提高阶段（1992年至今）

这个阶段的珠三角学校推广普通话工作取得突破性的进展。1991年3月，原国家语委普通话推广司曾对广东省推广普通话工作进行过专题调研，特别调查了珠江三角洲的16所学校。当时，被调研的16所学校中，只有6所能做到各科教学均使用普通话，5所仅能做到语文教学使用普通话，另5所则连语文教学也不能完全使用普通话。个别语文教师认为普通话教学会降低教学质量。大部分学校未能认真贯彻国家"推普"要求，甚至有的学校公然要求新调入教师和实习教师必须用方言教学。到90年代初，珠江三角洲地区的学校普通话的应用情况还是不理想。

原国家语委普通话推广司的调研报告经中央批转广东省委、省政府，起到了高度的重视。中共广东省委、广东省人民政府1992年发出的第1号文件，就是《关于大力推广普通话的决定》，文件强调，要加强力度，进一步推动广东省特别是珠江三角洲地区的"推普"工作。

时隔12年，2003年12月教育部语言文字应用管理司调研组又一次来到广东，对珠江三角洲学校的"推普"工作进行了历时9天的调研。这次的调研情况用"余雍思"（语用司）的署名，在《中国教育报》2004年5月12

日第3版发表文章:《珠江三角洲学校"推普"立潮头》,文章明确表示:"调查表明,经过十多年的努力,珠江三角洲地区学校普及普通话工作有了很大的进展,取得了相当大的成绩。"

(二)珠三角学校"推普"突破性进展的主要对策

1. 树立语言新观念

已故省委书记谢非在1993年讲了一段话,至今令人难以忘怀,他说:"在小学推行普通话不要低标准低要求,不要认为可讲可不讲,而是一定要讲,不讲不行;一定要把推广普通话落实到学校,广东推广普通话才有希望。"不用普通话教学,本身就不符合要求。广东省语言文字工作委员会办公室负责人张毅发表文章指出:学校的"推普"工作做好了,全社会的"推普"局面就会有很大的改观。因为,第一,九年义务教育是教育基础,目的在于提高国民素质。全社会公民九年素质教育,也包括语言素质的教育。第二,义务教育阶段是儿童少年学习语言的最佳时期,模仿性强,记忆力好,从娃娃抓起,可以打下坚实的普通话基础。第三,义务教育阶段,连续地学习九年普通话是有保证的。每天有语文课,每门课都用普通话教学,这是儿童少年接受规范的语言文字教育的主渠道。总之,在儿童少年学习语言的最佳时期,通过九年坚持不懈的教育,按照学习语言的规律进行强化训练,一代接一代的未来公民在走入社会之前,就掌握比较标准的普通话,当他们走进社会之后,将会对形成全社会讲普通话的风气产生至关重要的作用。

广东省各级领导还以身作则,带头说普通话,为广大人民群众做出了榜样。当时的广州市市长黎子流的普通话虽然带有浓重的"粤味儿",但他在各种公共场合都坚持说普通话,有关他说普通话的事迹被老百姓编成了不少故事，至今还广为流传，黎市长因此得到了国家语委颁发的"推广普通话特别奖"。

政府领导的"推普"认识、鲜明态度和积极的行动，对方言区语言新观念的树立产生了重要的影响。如今，"开放的和市场经济发达的社会必须使用全国通用的语言"，"用普通话教学是合格教师的必备条件"，"只有用普通话教学才能培养出现代化的高素质人才"等，在珠江三角洲的学校里，这些已经成为共识，以能说普通话为荣的新风尚已逐步形成。

余雍思《珠江三角洲学校"推普"立潮头》一文中，谈到了这方面的真实情况："珠江三角洲的中小学校非常重视校园语言文字环境建设，注重对学生进行语言文字规范化宣传教育，使'"推普"'工作与校园文化建设紧密结合。利用板报、橱窗、广播、集会、讲座、竞赛、文艺演出等形式大力宣传《国家通用语言文字法》，精心组织每年一度的'推普'周活动，使普及普通话工作融在丰富多彩的校园文化活动中，做到寓教于乐。肇庆职业学校开设《广东话与普通话的对照》《朗诵的技巧》等普通话专题讲座，并举办普通话演讲、辩论赛等活动，把推广普通话工作渗透到各种生动有趣的活动里。广州市文德路小学每周二下午开设'论坛'，组织学生对卡通片、少儿书刊、世界杯足球赛等学生感兴趣的论题进行公开辩论，也从中训练、提高了学生用普通话的表达能力。"

"学生的语言规范意识和普通话应用能力普遍得到增强，对家庭和社会产生了积极影响。如今，珠江三角洲地区各级各类学校学生的普通话听说能力与1991年相比有了显著的提高，语言文字规范意识在学生头脑树立起来。调研组从调查问卷中了解到，绝大多数学生对普通话教学非常欢迎，特别喜欢看普通话电视节目，汉语拼音运用很熟练，80%以上的学生知道或熟悉《国家通用语言文字法》和推广普通话宣传周活动，92.1%的学生对学习普通话感觉'很轻松、很喜欢'。"

"学生们普通话的学习和提高，也积极地带动了家庭及社会'推普'的步伐。低年级学生课外语文的听写生字词，需要父母用普通话，这就从客观上强化了家长学用普通话的意识。顺德碧江小学鼓励学生每天教会家长一句简单的普通话日常用语，使孩子们成为帮助父母纠正发音的普通话老师。顺德西山小学在全校范围内开展'把普通话带回家'的''推普"小金喇叭'活动，鼓励和指导孩子们在家里与爸爸妈妈、亲戚朋友说普通话，把讲普通话的良好习惯带到校外。广州文德路小学的'儿童义工队'队员们定期到社区与智障青年、老人一起活动交流，教他们学说普通话。学校的这些'推普'活动有效地向社会、家庭渗透和延伸。"

2.建立机构，层层发挥作用

广东省各级黔育行政部门通过设置语言文字机构，全面负责各地区学校"推普"工作。省语言文字工作委良会的主任由副省长担任，教育厅厅长任副主任。全省第 A 地级以上的城市全部成立了语委，并由分管教育的副市长担任主任。

珠江三角洲的学校成立了由校长挂帅的普通话工作领导小组，负责制定学校的"推普"计划和建立组织机构。不少学校除了校级机构外，班级里还设有"推普"员，使工作管理层层到位。

3. 制定符合实际的政策及措施

"大力推广、积极普及全国通用的普通话"的目标是不变的,要尽快更好地实现"推普"的最终目标,就要实事求是,制定和落实符合本地区实际情况的各项政策和措施。

结合广东的实际,广东省教育厅、省语言文字工作委员会制定出中等师范学校和中小学普及普通话的目标,使学校普通话教育进入制度化、规范化的轨道。

(1)加强宣传力度,增强广大师生的语言规范化意识。

在方言复杂地区,宣传教育在学校"推普"工作中一直是十分重要的环节。1992年以来,省市各级语委和教委多次举办普通话大赛、语言文字知识竞赛,在珠江三角洲的学校中产生了广泛的影响,各校充分利用校内广播站、闭路电视、橱窗、壁报、校刊等工具,把"推普"渗透到校园的各个角落。广州、深圳、珠海三城市与港澳地区已经连续14年成功地联合举办"粤港澳普通话交流营",在珠江三角洲、粤方言地区乃至全省都产生了较大的反响。粤港澳三地电台联办的"粤港澳普通话大赛"已连续办了多年,这个节目是由民间发起组织、企业赞助的,报名者之众,影响面之广,已成为三地电台的品牌节目。

1998年起,每年一届的全国推广普通话宣传周活动又为珠江三角洲的"推普"工作注入了新的活力。每年"推普"周期间,在广州、佛山市的街头,可以看到省市有关部门的领导和工作人员、学校的师生,纷纷到街头做"推普"宣传及咨询活动,为群众解答社会语言文字工作的各种问题,反响很好。

（2）分类型分地区制定工作目标。

学校普及普通话的进程分 2 个阶段走：第 1 阶段做到师生按要求掌握普通话，在教学和集体活动中使用普通话；第 2 阶段做到师生都能说标准或比较标准的普通话，在校园各种场合都说普通话，使普通话成为校园语言。

在实现目标的最后年限和达标项目上，不同类型不同地区的学校，不同专业不同年龄的师生有不同的要求。总的原则是：达标年限方面，中师先于中小学，城市先于农村。在掌握普通话水平方面，中师高于中小学；教师高于学生，普通话教师高于一般语文教师，语文教师高于其他教师，年轻教师高于年长教师。

1999 年底，珠江三角洲的普通高校、师范院校以及城镇以上的中小学校已基本达到普及普通话的第一阶段目标，即在教学和集体活动中使用普通话，部分学校还实现了使普通话成为校园语言。

（3）把普通话工作质量纳入学校评估管理系统。

从 1992 年开始，广东省制定了学校普通话工作检查验收标准，并对珠江三角洲的中等师范学校、城市中小学进行了检查验收。检查验收项目分为三大部分：学校工作、师生掌握普通话、师生使用普通话。每一部分下面又分为若干小项目，采用量化评分的方法，按得分情况分成优秀、良好、合格、不合格四等。

1993 年开始，中小学实行等级评估管理办法，普通话教学列入评估项目，列入义务教育质量评估指标。普通话教育成为校长职责范围，校长要带头说普通话，并在任期内做出实绩。把能用普通话教学列为合格教师的必备条件，不能使用普通话教学的不能评为先进教师。把在校内说普通话列入学生行为规范,列为评三好学生的条件。不少学校还制定了行政巡视制度和学生监督制度,定期检查各科教师的普通话教学情况,并在教学讲评中予以反馈。这样,在一定制度下保证了"推普"工作的实效性。

4. 把普通话学习融入教学中

普通话是我国通用的语言,学习普通话,不仅是掌握一种通用的交际用语,对珠江三角洲的学生来说,更重要的是学习运用在语音、词汇和语法三方面都规范的祖国的语言,包括口语和书面语。语文教育的重要任务就是要指导学生正确理解和运用规范的祖国的语言,提高学生的文化素养。所以,普通话教育同语文教育息息相关,普通话教育是语文教育的一个重要内容,是基础教育的一个组成部分,普通话教育应是广东、是珠江三角洲语文改革的一项必要工作。

粤方言与其他方言相比,同普通话的差异性较大,学起来有一定的困难。因此,除了要大力宣传、制定有关措施等工作外,在珠江三角洲学校"推普"的关键问题是研究如何在语文教学中使学生学好普通话。

(1)小学的普通话教学研究

在小学开展汉语拼音的教学研究,提高汉语拼音的教学水平。汉语拼音是方言区学生识字的工具及阅读写作的辅助工具,也是学习普通话的工具。多年来,珠江三角洲的小学教师结合方言区的实际,探索出不少汉语拼音教学的各种经验。

从 20 世纪 90 年代初期开始,广东省在小学开设普通话说话课程。采用的是由省教育厅编写的教材，教材上的内容全部注上汉语拼音，教学时间为每周一课，每一课均有说话的提示和要求，类型也多种多样，适合广东不同年龄的儿童需要和特点。但不是所有的学校能开说话课；有的学校虽开设了课程，但没有坚持下去；有的学校上课断断续续，不能保证按要求完成教学任务。2002 年，广东省教育厅教学研究部门根据新形势，重新编写了小学普通话说话课本，并在全省范围内进行小学生普通话口语交际试验，采取自愿报名参加的办法。现在已有八万多小学生报名参加普通话《口语交际》课程，其中珠江三角洲学校的人数就占了大多数。

广东省编写的沿海版小学语文课本，突出了普通话训练的内容。小学语文课本根据方言区的语言特点，安排 7 周至 8 周教学，确定汉语拼音教学难点，增加针对性练习和阶段复习练习，并巧妙地把汉字教学有机地同汉语拼音的学习一起进行，精心挑选的 22 个高频生字在拼音教学时自然带出，一方面避免由于拼音教学时间的延长导致教学上的枯燥，另一方面为后面的识字教学打下一定的基础。

（2）中学的普通话教学研究

广东省编写的沿海版中学语文课本，同样非常注意普通话训练的内容。沿海版初中语文课本一共 6 册，每一册的第一个单元就是"口语交际"，循序渐进地对学生进行普通话口语的训练：第一册"朗读与背诵"，第二册"说话与听讲"，第三册"发问与答问"，第四册"交流与说服"，第五册"演说"，第六册"辩论"。第一册课本后特地附录了"普通话和方言"专章内容，以便提高学生对祖国语言的认识水平。

2004 年新编广东省版的高中语文课本在编写结构上就突出方言区语文教

学的特点，专门编写《说话艺术》《语言文字应用》等选修课本，使学生能在高中阶段得到普通话口语技能训练，掌握国家的各项语言文字政策。

广州市教育局教学研究部门从 2002 年开始，组织市内有经验的中学语文教师成立课题组，一起攻关、共同研究如何提高广州初中学生的普通话聆听理解能力。

（3）中等师范学校的普通话教学研究

珠江三角洲的中等师范学校普通话教育与省内的其他中等师范学校一样，一直是广东省抓得最早、抓得最严、也是在学校中抓得最好的。一方面，中师的普通话课程，要求各校在课时、教材、教师的安排上给予充分的保证，普通话教师都要轮流到北京参加中央普通话进修班。另一方面，注意学生的选材与训练，把好三道关：第一道关是入学关，凡笔试成绩合格的学生必须接受普通话口试，口试合格才能录取。第二关是训练关，普通话训练是中师的必修课、基本功，开设教师口语课，该课程安排在二年级，每周 2 课时。早读、晚练，都严格要求。第三关是毕业的，凡是普通话考核不合格者不发毕业证书。把住了这三道关，首先是小学、幼儿园的教师普通话水平便有了保证。许多中师毕业生参加工作不久就成为学校"推普"的骨干，很大程度上得益于在中师学生时期的训练。

（三）以普通话水平测试为动力，促进教师队伍普通话整体水平的提高

方言复杂地区"推普"工作主要阵地是学校，依靠的主要是教师，而骨干教师的水平和作用就显得尤为重要了。

珠江三角洲学校"推普"工作年复一年，省、市、县一直坚持对普通话骨干教师进行多层次培训，通过集中一段时间的强化训练，提高这些教师的普通话水平，他们回到各地担当教学任务，并由他们去培训当地的教师，50年，做得努力，做得艰苦，从普通话教育几乎空白达到了比较普及的程度，普通话在教学中的应用情况有了根本性的改变，城镇各科教学已均能使用普通话，大部分的农村学校也不例外。但是教师整体普通话的标准程度不高，主要表现为大多数教师的语音语调方言色彩较重，说话词不达意，存在方言的句法毛病等等。骨干教师的状况也不容乐观。

1994 年 10 月 30 日，国家有关部门发布了开展普通话水平测试的通知，要求对教师等职业与普通话密切相关的人员进行普通话水平测试，并逐步实行持证上岗制度。这是促进广东、珠江三角洲学校进一步"推普"、提升教师特别是骨干教师普通话整体水平的强大动力。广东的测试分三步进行：

1. 调查

因为从来没有做过大面积的普通话口语测试，1996 年春天，省语委决定先选派一部分国家级测试员对不同方言的地区做一番调查研究工作，摸清情况，为日后的普通话水平测试工作取得经验。珠江三角洲方言点选取了顺德师范学校和南海师范学校作为调查单位。两个师范学校当时被测人数共 440人，一级无人达到；二级甲等 30 人，占 6.8%；二级乙等 150 人，占 34%；三级甲等 213 人，占 48%；三级乙等 47 人，占 10%。

2. 培训省级测试员

骨干教师的普通话口语水平不高，使广东省培养普通话水平测试员的工作面临较大的困难。

1996 年和 1997 年，广东省连续举办了两期省级普通话水平测试员培训班，95 名学员大部分是各为师范院校的汉语语音教师，结果只有 25 名达到国家规定的一级乙等水平。在现有的 1500 名省级测试员当中，有相当一部分的口语水平还达不到一级乙等（经国家语委批示同意，目前广东省级测试员普通话水平可放宽到二级甲等）。

所以，为了不断提升骨干力量的整体水平，保证测试的质量，广东省在举办普通话水平测试员培训班的同时，还举办普通话骨干教师训练班、省级测试员普通话培训班。

3. 全面开展测试

2001 年初，广东省教育厅、省语言文字工作委员会发出通知，对各级各类学校和相关专业毕业生开展普通话水平测试。通知明确指出：在广东进行普通话水平测试，是"为加快广东省各级各类学校普及普通话进程，不断提高师生普通话水平，落实《国家通用语言文字法》和《〈教师资格条例〉实施办法》以及教育部、国家语委《关于进一步加强学校普及普通话和用字规范化工作的通知》精神"。

2002 年广东省开始进行大面积的教师队伍的普通话水平测试，从当年 1~6 月的测试情况来看，珠江三角洲教师的普通话能达到国家要求的二级乙等以上水平的，广州市老城区的教师有 71.6%，深圳市 83%。其余地区的教师，达一级普通话水平的不到 0.5%，二级甲等只有 6%，二级乙等的有 36%，三级甲等的达 55%，三级乙等的只有 2%。

结合广东现阶段的实际情况，根据教育部《〈教师资格条例〉实施办法》的规定："少数方言复杂地区的普通话水平应当达到三级以上标准"，广东省制定了具体的普通话水平测试的办法。测试对象是 1954 年 1 月 1 日出生的教师和相关专业的毕业生，按不同的地区、不同的年龄、不同的工作职责，分别提出现阶段的等级要求：

广州市、深圳市和珠海市市区基本上按国家所规定要求达到相应的等级，部分农村地区稍有调整。

广东其余地区，普通话语音教师和对外汉语不低于二级甲等；1974 年 1 月 1 日以后出生的语文教师不低于二级乙等；其余教师及师范院校毕业生、中等和高等职业学校与口语表达密切相关专业毕业生，不低于三级甲等。

另外，普通话水平测试的铺开办法是，先城市后农村；先师范后一般学校；先年青后年长；先文科后理工科。

从目前全广东省已测试的实际情况来看，省规定等级的达标率近 95%，珠江三角洲教师的整体水平在全省应是最好的，充分反映出这个地区的"推普"工作确实已经取得了实效。分析其中原因，这个地区的学校外省籍的教师比例较大，学校的语言环境得到改善；最主要的是普通话水平测试激发了广大教师学习普通话的热情，进一步加深了对国家语言文字工作的各项政策的了解，大家普遍认为，普通话水平是体现教师教学素养高低的一个因素。普通话水平测试使"推普"逐渐成为珠三角地区教师们一种自觉的行动了。

但是，从另外一个角度分析，珠江三角洲的教师普通话水平参差不齐，就是在广州市，部分农村学校有的教师至今还在用方言教学，与教育部规定达到的要求还有距离。粤东、粤西的农村学校，目前使用方言教学的比例还不低。这证明了，提高教师队伍的普通话水平在广东、在珠江三角洲将是长期的、艰苦的工作，普通话水平测试就是一个动力、一种方式。所以，从实际出发，实事求是，制定现阶段分地区、分年龄、分阶段的达标办法应该是可行的。

第三节　重视广播、电视媒体的规范作用

珠江三角洲是粤方言强势地区，本地人要学习普通话，缺乏语言环境，很大程度上只能利用媒体——广播、电视。在学校课堂里，学生们倒是有机会学习普通话，但是由于大部分教师的水平不高，学到的普通话也不标准。说到底，本地的教师同样也只能从广播、电视学习，对于他们来说，节目里的普通话就是一种"国家标准"——媒体"推普"的社会效应很大，作用太重要了。

广东的广播电视媒体一直都比较支持"推普"工作。1983年省电视台就同中山大学等高校联合开办《学讲普通话》节目；90年代，又开办了《每日一句普通话》。1991年起，省电台开办《"推普"乐园》，节目以生动活泼和实用性强为特点，深受广大师生的喜爱。

（一）电台、电视台播音用语情况

1992年广东省委、省政府"1号文件"中明确要求广播电视："要逐步减少方言播音时间，增加普通话播音时间。面向学生、少年儿童的节目和教育节目，应全部使用普通话播出。"

现在，珠江三角洲地区的电台、电视台方言播音比例大的状况已有较大

的改变了。

2002 年 5 月，全国人大教科文卫委员会和教育部、国家语委联合组成调研组对广东省广电系统进行调研，考察了广东省广播电影电视局、广东省电视台、广东省电台、珠江三角洲的佛山市广播电影电视局、佛山电视台、佛山电台、顺德区广播电影电视局、顺德电视台、顺德电台等。对有关电台、电视台的播音用语做了初步统计：广东省广电系统共有广播电台 22 座，114 套节目，每日播出时间 1844 小时，其中，自办节目 1617 小时。在自办节目中，普通话节目占 74.3%，方言节目占 25.7%。全省共有电视台 23 个，117 套节目，每周播出时间为 9609 小时，其中，自办节目 6553 小时，在自办节目中，普通话节目占 66%，方言节目占 34%。广东省电台有自办节目 8 套，其中，第 3、4、5、7、8 套节目主要用粤语播音，占 62.5%。广东电视台有 4 套自办节目，其中，珠江频道全天播出 18 小时，粤语节目占 30%~35%。从以上数字可以看到，除了广东省电台自办节目粤语播音比例稍高以外，省电台、电视台的播音用语主要使用普通话。

广州电视台有七成的频道说普通话，粤方言节目不超过 50%。少年儿童节目，一律说普通话。广州电视台总编室主任表示，这么做主要是一个社会责任感问题——推广普通话。即便是广告商喜欢投放粤语节目，他们在这一点上也绝不动摇。

但是，珠江三角洲的电台、电视台的认识并不完全一致，发展也不平衡。例如佛山电台、电视台的普通话播音时间虽然较以往有所增加，但是方言播音比例依然过大佛山电视台 4 个频道中没有一个是全天播出普通话节目的，面向学生、少年儿童的节目也未做到完全使用普通话。

其实，群众对此也经常讨论。2003 年 2 月 22 日，《羊城晚报》B3 版刊登了一篇文章《南腔北调"吵热"荧屏》，说的就是电视剧使用什么语言的问题，很有意思。

文章谈到，1988 年广州电视台建台开始就为普通话电视剧配上粤语，主要兼顾珠江三角洲的观众，因为电视频道大部分都用普通话，而非"上星"的频道要争取本地观众。不过，就算粤语配音的电视剧收视率不错，方言的剧集都难以成市场主流。原因是现在全民推广普通话，以普通话为原版的剧集占了绝大多数，在如此大环境下，说方言的剧集始终只能是"配菜"。这方面有个很好的例子，电视剧《刘老根》，北方观众很吹捧，但南方地区并不火，观众抱怨"听不大明白"，所以有传媒感叹：《刘老根》过不了长江。另外还有一个重要的原因，把普通话的剧集配上粤语，不少观众觉得"失真、生硬"，特别是文化味道浓的电视剧，原汁原味更受欢迎。例如《宰相刘罗锅》，配上粤语后不少细节顿时失色很多。又如原版《大宅门》，内地收视十分火爆，香港电视台把它配成粤语播放，结果惨遭收视"滑铁卢"。

广州电视台有个原则，由文学名著改编的或者是地方味道浓的电视剧作品不会配上粤语。一些重要的电视剧，一般会一起推出普通话和粤港两个版本，并写上字幕。①

文章最后说："现在来广州发展的'新客家人'越来越多，广州人的普通话水平也在不断提高，从长远看，推出优秀的普通话节目才是大势所趋。收视率比拼，关键的问题不是语言之争，而是节目本身的质量之争。"

---

① 冯传书，江婕，黄静. 当前新闻媒体推广普通话的问题与对策（下）[J]. 湖南教育（B 版），2019，（14）.

民间的这些讨论都是"大实话"，绝无半点虚情假意，把它实录于此，只是希望实事求是，对"推普"问题能有更深刻的思考。

2004年3月，国家广电总局正式批准将南方电视都市频道调整为粤语卫星频道，向广东省、港澳地区及海外粤语人群播出，是全国首个获准上星的地方方言电视频道。这个新时代新鲜事物的出现，再次证明了我国政府始终不断地以科学、客观、务实的方针和态度来推动"推普"事业。

（二）加强对语言文字规范化工作的管理

因为电台、电视台对社会"推普"有重要的规范作用，广东省广电系统采取了一系列的措施：

1996年7月制定并印发了《广东省广播电台、电视台使用语言文字的暂行规定》，2001年7月下发了《广东省广播电视局播音员和节目主持人管理办法》，1998年印发了《广东省广播电视节目监听监看制度》。广东电台、电视台等省、市级广播电台、电视台也制定了相应的规章制度，如：广东电视台制定了《字幕工作管理条例》《广东电视台节目监看值班制度》。这些规章制度的建立健全使语言文字规范化工作的落实得到了有力的保证。

广东省广电局从1998年开始，举办了十多期广电系统专业培训班，对全省播音员、主持人和出声记者轮流进行系统的培训，开展普通话水平测试。每一期专业培训班都聘请省内高校专家讲授普通话系统知识、广东方言和普通话的对应规律等课程，认识广东广播电视传媒对方言区"推普"规范的重大责任。广东省广电系统普通话水平测试按国家规定的要求进行，至2002年底，达标率75.4%。

第四节 深入"推普"理论问题的研究

广东"推普"快 50 年了，语言学界的专家学者一直积极参与了这项工作。现在，普通话普及工作取得了很大的成绩，专家学者们面对新形势，针对新问题继续做了不少的探讨和研究。这些研究，也是珠江三角洲"推普"的重要成果。我们认为，继续深入有关"推普"理论和问题的研究，将是新世纪"推普"的重要一环，是创造"推普"新局面的希望。

（一）正确认识方言与普通话的关系

近些年来，社会经济的发展证明了普通话普及的必要性和迫切性，普通话的推广又反过来促进了社会经济更快速的发展，今天，珠江三角洲老百姓已经深深地尝到会说普通话的甜头，普通话对社会的作用大家已充分认识到了。不过，直到现在还是有些人以为，既然大力推广普通话，方言就应该少说或者不说，逐渐被禁止、消灭。这是一种误解，是不正确的语言观。[①]

广东的语言学前辈对方言与普通话的关系的观点一直非常明确，暨南大学詹伯慧先生在多个场合、多次撰文指出：方言和普通话都是社会交际的工具，都是为社会服务。粤方言是现代汉语重要的一支，历史的产物，有根深蒂固的社会基础，具有"自给自足"语言独立体的素质，千百年来都能很好地为珠江三角洲人民服务，它的存在就有了根本的保证，绝不因为普通话推

---

① 张苏敏.从方言新闻论方言与普通话的冲突与共存[J].温州大学学报（自然科学版），2011，（4）.

广普及之后，便一定要把粤方言排挤出去，事实上，说惯粤方言的珠江三角洲人民，在深明"推普"的意义和作用，积极学习普通话的时候，是怀着"增加一种交际工具"的心情，并没有想到要放弃粤方言的。说到底，普通话和粤方言的共性决定了两种交际工具可以并存。认识到这一点，对于语言多元化的现象也就容易得出正确的理解，不至于大惊小怪了。

方言和普通话是同源异流的关系，是"兄弟姐妹"的关系，在社会生活中起着相互补充的作用，而不是排斥和对立的关系。方言和普通话在方言地区有主有从，并存并用，形成"普通话—粤语"双语交集的局面，这就是现实。

"推普"的原因就是看到单一方言的语言生活难以适应现代社会的需要，"推普"首先是为了补充方言这一地域性交际工具的不足，为了满足方言区人民相互交往的需要，为了协调人们的生活，促进经济的持续发展，它的目标显然不是"革"方言的"命"，而是让方言区人民的社会生活更加完美，更加充满时代的活力。

四十年前，中山大学黄家教先生和李新魁先生在他们合写的一篇文章里谈到方言话剧和普通话的关系时，有一番论述：在中华人民共和国成立前和中华人民共和国成立初的广东，方言话剧的演出曾经出色地配合各项政治任务，起了巨大的宣传教育作用。[①] 近几年，一度相当繁荣的方言话剧又归于沉寂，这当然有多方面的原因，不过其中一个原因恐怕是出于对推广普通话工作的误解，一些人顾虑发展方言话剧会与推广普通话产生矛盾，起"促退作用"。其实，从推广普通话工作方面着眼，也不应当对方言话剧有所歧视。因为推广普通话的方针是要使全国人民在自己的方言以外学会普通话，即既

---

① 李新魁. 李新魁语言学论集 [M]. 中华书局 .1994：35.

能用方言交际，也能用普通话交际。

（二）社会语言发展演变与动向的研究

近十多年来，由于初会主义市场经济的需要，"推普"的迅速开展，我国语言生活发生了重大的变化，语言日趋多元化，语言发展进入了一个新时代。其中一些现象引起语言学界不少学者的关注，并开始了研究。

1. 双语双方言的研究

1987年，深圳大学成立了"深港语言研究所"陈恩泉教授任所长。研究所研究"深港语言"——着眼于研究英语在双语交融中对粤方言的影响及其规律，以便因势利导，甄别同化辐射作用，使粤方言，乃至汉语其他方言能朝着规范化方向健康地发展；同时，更积极地强化普通话优势，充分发挥普通话在深港片语言中的中心作用，是深港片语言逐步规范化，发展我国的语言科学。

研究所在深圳召开了8届研讨会，每次都选出若干论文结集出版。国内外不少语言学学者出席会议，原国家语委副主任王均先生曾充分肯定双语双方言研究是"社会语言学很有意义的课题研究""是一个方向""你们紧紧抓住时代的脉搏，从有现实意义的课题出发，理论结合实际，进行生动活泼的研究""双语双方言是时代潮流的趋势，是社会主义市场经济的需要，你们已有充分的论证。双语双方言由社会功能的不同而有主有从，如何协调这种力量，使他们更好地为祖国的经济建设和教育、科技、文化事业发挥作用，你们也已有了很好的论述"。②这段话很好地概括了该研究的学术意义和价值。

2. 普通话对粤方言演变的影响与作用研究

学者们注意到，普通话的普及已经对珠江三角洲方言产生显著的影响，不断吸收普通话的成分，表现出"向普通话靠拢"的倾向；另一方面，一些粤方言的词汇也吸收到普通话里。在这双向影响的格局中，主要是粤方言吸收普通话的因素多。这些影响表现在语音、词汇和语法的各个方面。例如词汇方面，粤方言里有不少的词语出现了方言用词和普通话用词并存的现象："上班"和"返工""天时"和"天气""直情"和"简直"等，几十年里，形成了"老派"和"新派"粤语的分别。50岁以上的广州人所用词语明显不同于20~30多岁的年轻人，很多粤方言原来的说法，本地年轻人已经不说了。

曾经有广州市的中学生给华南师范大学现代汉语教研室的教师写信，对目前粤方言受普通话影响的现象深深地感到忧虑："方言不是快要灭亡了吗？以后广州话还会存在吗？我们怎么理解这种现象呢？"渴望老师能给予解答。这种心态具有一定的代表性，一方面体现了普通话对粤方言的强烈冲击，另一方面也反映了年青一代对社会语言交流、演变的规律的关心和求知欲望。

暨南大学郭熙教授提出了他的观点："当我们为'推普'取得的阶段性成果高兴的时候，我们也要注意到另一个问题：语言的生态保护和研究"，这是因为保护方言对于语言研究有重要意义，对民族文化、社会历史等研究也有重要价值。强调对方言的保护，不仅不会影响"推普"，相反还会有促进作用。而且从社会的交际角度看，新时代越来越多的人将成为多语码者，而不是单一语码者。

（三）粤方言区普通话教育规律的研究

从 20 世纪 50 年代开始"推普"至今，几十年过去了，珠江三角洲基本普及了普通话，但水平还不高。最普遍的问题是：普通话很有用，很想学，只是很难学。除了语言学习客观上应有一个过程之外，这与学习规律研究不够也有关系。

1. 普通话教育与语文教学的关系研究

如我们在上文提出的观点，普通话是现代汉民族的共同语，是我国的通用语言，对珠江三角洲的学生来说，学习普通话，不仅是掌握一种通用的交际用语，更重要的是学习运用在语音、词汇和语法三方面都规范的祖国的语言，也包括了书面语的理解和表达。珠江三角洲方言区的学生们日常生活用语是粤方言，而在语文课程学习中，他们的听、说、读、写都要求使用规范的普通话。这应是一个复杂的学习过程，他们思维里方言同普通话如何做语码转换、方言因素对学习产生什么影响、怎么产生影响等，应该具有与其他方言地区学生不同的特点。这个过程的研究，有助于探索和认识粤方言地区语文教学的规律，有利于深入语文改革。

"令广大教育工作者担忧的是，如今不少广州的中学生在课外用文字交流，都喜欢用粤语。长此下去，广州的中学生很快就无法写出一篇语句通顺、文采飞扬的真正意义上的文章了。"这是《广州日报》2004 年 4 月 19 日特稿刊登文章《广州中学生大多数敏于思讷于言？》里的一段话。文章称，最新调查显示，广州中学生非语言能力明显高于语言能力，分析原因的讨论中，有各种观点，例如广东传统文化的崇尚务实、广州人不善言辞的性格、粤语语境等。该课题组副组长、广州大学应湘浏教授认为，广州的孩子日常生活使用粤语交流，在校的教科书和考试内容用的是普通话，这些学生长期在两种语言的冲突与矛盾环境中成长，这些因素都影响了学生语言能力发展。提出了一个很有价值的研究题目。[①]

最近，珠江三角洲学校有些青年教师开始探讨如何解决学生表达中方言"硬伤"的问题。他们的研究路子体现出两个特点：一是肯下苦功去调查研究，采集第一手数据；二是分析数据，探讨教学对策。如东莞一位教师专门调查研究该地区高中学生作文当中方言词汇、语法的问题，从中发现不少规律性的东西。例如，年龄不同的学生会产生不同类型的问题，而且数量比例也不一样。佛山一所职业高中的一位教师针对职高学生的特点，对他们阅读和写作中的方言影响进行调查，深入分析问题产生的原因，探求如何使学生克服这些影响、培养较高的语言素养的路子。番禺一所中学的一位教师以"高中语文新教材设立口语课程的实施情况"为题，在学校所在地进行了调查分析，此论文应该是最早对粤方言区高中新教材问题进行研究的，可以为教育部门提供有用的参考数据。

新一代的"推普"骨干不仅要有热情、具有教学、工作的能力，还应具有研究的能力。珠江三角洲不少教师在杂志发表论文，探讨粤语区的普通话现状及对策，探讨如何提高粤方言区师生的普通话水平，都是很好的苗头。

2. 普通话交际技能训练的教学研究

普通话很有用，当然要学。普通话不是不想学，只是很难学。不会说、

---

① 于根元主编；常艳彩等撰写 . 新时期推广普通话方略研究 [M]. 北京：中国经济出版社，2005：289.

怕说不好。珠江三角洲的不少学生都有这样的心理障碍。传统语文教学在很长一段时间里偏重于读写教学，忽视了听说教学。现在，国家新的语文教学大纲很强调口语交际能力的培养。但是，粤方言地区对大、中、小学生进行真正有效的口语训练，还有相当大的难度。一是要研究针对粤方言的特点，探讨出粤方言区进行普通话口语技能训练的教学原则及方法。二是要深入研究学生不敢说普通话的心理因素，以及应采取的教学策略。三是要培训出一大批说一口标准流利普通话的善于教授口语课的语文教师。

从1999年起，广州地区几个高校的一些专家、骨干教师——方言研究的、对外汉语教学的、教师口语教学的各路人马，采取"联合舰队"这种教学模式，接受了广东省政府"粤港教育交流合作项目"的任务，培训香港普通话课的骨干教师。

该项目虽然是培训课程，但我们作为研究课题来做。

广东是我国方言最复杂的地区，学习普通话的语言环境很不理想。到广州来进行普通话师资培训，无疑是出了一道难题。另外，国内中小学一直没有"普通话"科目，也没有普通话科目师资进修课程。对于香港中小学普通话的师资培训，国内根本没有现成的东西搬来用，包括师资力量、课程设置和教科书。

但是，我们有我们的长处，就是对粤方言与普通话的对应规律、方言区人士学普通话的困难有较深入的了解、有丰富的教学经验。当时，香港方面选择了在广东培训普通话师资，也是出于广东有相同的粤方言背景的考虑。于是，我们决定用广东的长处来克服短处，获取高质量，突出粤方言区普通话教学的目标，这是其他地区的培训难以做得到的。课程着重解决以下问题：

粤方言区普通话课程的性质是什么？重点和难点在哪里？粤语区教师应抓住哪些规律来提高自身的普通话表达能力？粤语区的普通话课程如何去教学？

广东"推普"近50年，普通话教育就一直没有被真正视为一个理论和应用的课题，系统地深入地研究过。香港普通话师资培训课程，使我们不得不面对学科新的领域。经过专家们几年的努力，香港中小学普通话师资深造课程不仅达到了课程预定的目标，形成了自己的特点和风格，学员、香港政府对此有较高的评价。

"他山之石，可以攻玉。"广东学者方面最主要的收获，是通过教学、与香港同行相互切磋，取得了很多宝贵的研究成果。广东省教育科学"十五"规划把该项目列为重点课题，希望这些成果，对广东、对珠江三角洲的骨干教师的普通话口语培训能有帮助。

第五节　新世纪"推普"急需解决的大问题

广东省、珠江三角洲新世纪"推普"工作面临的第一大问题是什么？是组织机构问题。

广东省、珠江三角洲的"推普"历史经验证明，社会经济交流的需要是根本的推动力，但是只有客观需求还不行，政府重视，健全机构，加强工作力度，才能有了今天"推普"的成绩。

近二十几年来，广东省语言文字工作机构经历了几次调整：

1978年3月，广东省重新（恢复）成立语言文字工作机构，即文字改革委员会。1984年4月，重新（恢复）成立推广普通话工作委员会，与省文字改革委员会两块牌子，一套人马。

1986年7月，经省委、省政府同意，省文字改革委员会和省推广普通话工作委员会合并，成立广东省语言文字工作委员会，编制为6人。

1995年7月，专设语言文字工作处（省语委办公室），编制4人。一直以来，不管机构如何调整，广东省语言文字工作机构的主任均由副省长担任，省教育厅第一把手任副主任。省语委成立后，由副省长担任主任，省委宣传部、省教育厅、广播电视厅、报社的负责人担任副主任。组织机构的建立和落实，保证了广东省、珠江三角洲的"推普"工作的深入进行。

2000年5月，广东省直属机关机构改革，省普教、高教两厅合并组成新的教育厅，省语委被撤销，省语委办公室不再独立设置，职能放在教育厅办公室。语言文字工作干部只有2人（且其中1人为事业编制）。目前，除西藏外，全国只有广东没有省级语委。目前尚无省级普通话水平测试实施机构，暂由省语委办公室行使测试工作职能。为了与省里保持一致，各市语委办也不再单独设置，人员编制极少。

新世纪到来，在加快"推普"进程的新形势下，各兄弟省市都在加强语言文字工作机构，广东省反而撤销语言文字工作机构，这将如何胜任新世纪重点方言区繁重的语言文字工作任务？这将如何满足广东省、珠江三角洲人民群众日益增长的对普及普通话、语言文字规范工作的迫切需要？

　　新世纪到来，广东首要解决的是有关领导的思想认识问题，最好能尽早恢复省级语委和独立编制的语委办公室，健全各级语言文字工作办事机构，适当增加人员编制和经费投入。这样，广东省才能顺利开展"推普"的各项工作，巩固多年艰苦奋斗做出的成绩，开拓新世纪的新局面。

参考文献

[1] 张雨生.新闻播音中对普通话的规范性要求 [J].文化产业,2022(26):55-57.

[2] 李宇明.论普通话的推广方略 [J].中国语文,2022(04):484-494+512.

[3] 古丽加依娜尔·哈山.探究普通话推广与中华优秀民俗文化的关系 [J].文化产业,2022(05):55-57.

[4] 古力努尔·乃比江.普通话推广和中华民俗文化的融合 [J].文化产业,2022(05):74-76.

[5] 江婕."推普"视域下方言类电视新闻节目存在的问题及解决对策 [J].文化创新比较研究,2021,5(30):132-135.

[6] 许晋.普通话:各民族交往交流交融的纽带 [J].实践(党的教育版),2021(09):39.

[7] 闫冠华.我国普通话教育现状及对策研究 [J].汉字文化,2020(20):30-31.

[8] 周杰,杨花明.推广普通话及规范汉字的实践探讨 [J].文化产业,2020(29):108-109.

[9] 旺堆.少数民族媒体从业者如何有效提高汉语播音主持水平 [J].西部

广播电视，2019（05）：135-136.

[10] 关锋 . 电视新闻的语言选择及其社会意义 [J]. 电视指南，2020（16）：226.

[11] 沙莉莉 . 电视新闻评论类节目媒体人的习惯性误读问题探析——以《焦点访谈》为例 [J]. 北华大学学报（社会科学版），2020，18（04）：1-5.

[12] 杨仲春 . 新闻媒体要肩负抢救方言的责任——以鄂尔多斯方言为例 [J]. 新闻论坛，2020（06）：94-98.

[13] 韩华 . 新时代党政机关推广普通话工作之思——以河南省公务员"推普"工作为例 [J]. 焦作大学学报，2020，28（04）：23-26.

[14] 赵颖 . 关于武威市普通话使用现状的调查报告 [J]. 吉林广播电视大学学报，2020（02）：158-160.

[15] 李荣刚 . 电视新闻的语言选择及其社会意义 [J]. 深圳大学学报（人文社会科学版），2022，29（04）：144-148.

[16] "新余市推广普通话的现状与对策"课题组，曾慧萍 . 新余市推广普通话情况的调查与思考 [J]. 新余高专学报，2020（05）：72-75.

[17] 田野 . 亟待改进的电视、广播、新闻媒体不规范的语言现状 [J]. 戏剧文学，2020（08）：87-88.

[18] 王刚 . 透视新闻媒体"方言言说"现象 [J]. 贵阳学院学报（社会科学版），2021（02）：84-86.

[19] 岳玫 . 汕头市人大立法推广普通话 [J]. 浙江人大，2021（02）：32.

[20] 黄匡宇 . 论电视会议新闻 [J]. 新闻知识，2020（11）：33-35.